生命科学の欲望と倫理

櫖島次郎

科学と社会の関係を問いなおす

青土社

生命科学の欲望と倫理　目次

生命科学の欲望と倫理　科学と社会の関係を問いなおす

わたしたち人間は核酸と記憶、欲望とタンパク質のとんでもない混合物である。二十世紀は核酸とタンパク質に大いに関わった。二十一世紀は、記憶と欲望の解明に全力を集中することになるかもしれない。しかしはたして、そのような問題は解決できるであろうか？

フランソワ・ジャコブ、『ハエ、マウス、ヒト』一九九七年
（原 章二訳、みすず書房、二〇〇〇年より）

序章　STAP細胞問題から考える科学と社会の関わり方

新たな希望の星が、一転「世紀の不正事件」に

ＳＴＡＰ細胞（刺激惹起性多能性獲得細胞）。二〇一四年一月、科学の専門誌に初めて載ったこの言葉が、大げさでなく日本中の人に知られる騒ぎになった。

一流の国際専門誌に研究論文が刊行されるのは、論文の著者である研究者はもちろん、彼ら彼女らが所属する研究機関にとっても喜ばしく誇らしいことで、ホームページなどに広報文が出されるのはふつうにあることだ。新聞やテレビの取材が入ることもある。

しかし、ＳＴＡＰ細胞論文刊行の発表は、大きな会見場を用意し、大勢のマスコミ関係者を集めた、実に大掛かりなセッティングで行われた。主要著者が所属した理化学研究所発生・再生科学総合研究センター（以下、理研ＣＤＢと略す）が組織を挙げて行った、極めて特別扱いの、異例な発表だった。

当初は誰もが、それだけの理由はあると受け取った。何しろ発表された論文によれば、マウスの新生児の免疫細胞などを、弱酸性の液につけるなどの外的な刺激を加えるだけで、体中の細胞に分化できる力を持った「万能細胞」に変えることができたというのだ。それまでは、二〇一二年にノーベル賞を受賞し、一躍国民的英雄になった山中伸弥教授による・ｉＰＳ細胞（人工誘導多

能性幹細胞）が、病気や障害で機能が損なわれた臓器や組織を再生する新しい医療の中心になると、みなが期待していた。これに対してＳＴＡＰ細胞は、ｉＰＳ細胞のように遺伝子を外から入れる遺伝子組換えの操作を加えずに、それと同等の「万能性」を備えた細胞がつくれたというのだから、新たな再生医療のスターが現われたと喝采を受けたのも、無理はなかった。逆にいえば、ｉＰＳ細胞のノーベル賞受賞によって続いていた、再生医療の実現を期待する日本国内の熱狂がなければ、ＳＴＡＰ細胞も、あれほどは騒がれなかったかもしれない。

ところが、この大々的なマスコミ発表から一ヶ月足らずの間に、ＳＴＡＰ細胞論文の内容に次々と疑義が出され、最終的にそこで示された「万能性」の証拠は、虚偽のものであると認定されることになった。こうして、世紀の大発見は一転して、「世界三大研究不正の一つ」だと非難されるに至った。論文筆頭著者の小保方晴子氏は、「理系女子」の希望の星として連日マスコミに登場、一時はトップアイドル以上にもてはやされたが、研究不正が明らかになるにつれ、人柄や生活態度から上司との男女関係の噂まであげつらわれて、週刊誌やテレビのワイドショーを何ヶ月も賑わすまでになった。生命科学の一研究者に対する扱いとしては、まれに見る異常な事態が展開したのである。

ＳＴＡＰ細胞騒動をどう受けとめたらよいか

一つの研究発表が大喝采され、もてはやされたのが一転して、非難の嵐に翻弄されることになった。そこから、どのような教訓が得られるだろうか。

ファッショナブルな理系女子による快挙というイメージを前面に押し出した、理研の広報戦略が行き過ぎだったとの指摘がある。その背景には、研究費やポストなどを得るための熾烈な争いがあると言われる。とくに国策として、研究予算を重点配分する研究機関に理研を指定する立法が急がれていた時期だったので、よけいに功を焦ったのではないかと批判されることにもなった。

だが、研究者、研究機関が激しい競争下に置かれているのは、この問題に限らず、また日本に限ったことでもなく、世界中で常態となって久しいことだ。そもそも科学研究は、まだ誰も明らかにしていないことを突きとめてみせるのが勝負で、競争は本来の姿だともいえる。

もちろんだからといって、不正を行うのは許されない。不正に関わった研究者や管理者を指弾し、その責任を問う声が上がったのは当然のことだ。しかし、小保方氏個人への非難が魔女狩りの様相を呈し、彼女とSTAP細胞を否定しなかった人たちをあげつらう風潮が、マスコミだけでなく関連学会や科学論者の間でも見られたのは、やや行き過ぎの観もあった。それではかえって問題の本質を見誤らせるのではないかと、私は危惧した。

この問題は、もっと根本的な、科学と社会の関係のあり方について考えるきっかけにすべきだ。

STAP細胞は、もし本当なら、生物学の常識を覆す基礎研究だった。だが世間では、再生医療を実現させる新しいスターの登場と受けとめられ、一時はiPS細胞を押しのける勢いで臨床応用への期待が高まった。実際に再生医療に役立つかどうかは、今後の研究次第でまだわからなかった。なぜ外から刺激を加えるだけで多能性を惹起できるのか、その仕組みもわかっていなかった。だから臨床応用の前に、基礎の確証がまず求められる。そういう科学研究の本筋を、日頃から社会に理解してもらう努力を、研究者側は怠っていなかっただろうか。そのために過剰な反応を招いたのではないだろうか。実用性一辺倒で研究の正当性を訴えるのは、危険なのだ。そしてこれは社会の側の問題と表裏一体の関係にある。

一連の騒動の背景には、研究者側の問題だけでなく、社会全体で再生医療への期待が過熱していたことがある。とくに政治家や役所が、経済成長の国策に沿った成果を研究者に求めるのは、非常に不適切である。そうした過熱ぶりに対し、研究者側が、科学の観点から冷静に待ったをかけず、自らの思惑であえて乗っかっていたのであれば、それがいちばんの反省点だろう。理研は早々にSTAP細胞の特許を申請したが、そういう経済的権益の保全に走るより先に、科学面の確証にもっと時間と手間をかけるべきだった。

もちろん研究不正はあってはならないことで、関与した者が処罰を受けるのは当然だ。研究者間の相互チェックのあり方も見直すべきだろう。だが、STAP細胞研究の不正で信頼が損なわれた研究現場の再生のためには、それだけでは十分でない。

理研幹部が小保方氏に目をつけ引き立てたことについて、様々な疑義や批判が出された。だが、年功序列などで硬直化しがちな日本の研究組織の風通しをよくしなければ、一流の成果は出てこない。まだ実績はなくても、大胆な発想と旺盛な意欲を持つ人に、研究の場を積極的に与えようという方針は、まちがっていないはずだ。STAP細胞の騒動を受けて、理研やほかの研究機関が、そういう登用の方針を捨ててしまうとしたら、科学の場として自殺行為ではないだろうか。

トカゲはしっぽを切り落としても、また生えてくる。しかし理研は、ひいては日本の科学研究全体は、不正を行った研究者を切るだけで、再生できるだろうか。しっぽを切ったら本体も死んでしまったということにならないよう、研究者側は、科学の本筋を通す姿勢を社会に示し、支持を求めるべきだ。

社会の側も、すぐ役に立つ成果ばかり求めるのではなく、科学の本筋を貫こうとぶれずに踏ん張る研究現場の努力を支持する見識を持つことが望まれる。そういう現場に適正に研究費や人材が配分されるか、関心をもって見守っていくべきだ。それが、研究者を目先の成果主義に陥らせず、不正を防止する土台になると思う。

科学としての本質を議論すべき

STAP細胞問題については、こうした科学政策論、研究組織論とは別に、科学としてどう受けとめるべきなのかという、本質を外してはいけないだろう。

そこでこの研究の出発点に戻って考えてみたい。伝えられているところでは、筆頭研究者の小保方氏は、生物はいつでも一所懸命生きようとするものだ、だから細胞を過酷な環境に置く刺激を与えれば、がんばって生きようとするから、普段なかった力（体中のすべての臓器や組織になれる多能性）を引き出せるのではないか、と考えたという。こういう誰にでもわかる生命の捉え方が、科学研究を導く支えになるということは、STAP細胞研究の真偽にかかわらず、認めるべきではないだろうか。生物がどうやって一個の細胞から体をつくりあげているのか、その謎を解くうえで、今後の研究の方向として検討し続けてもよい着想ではないかと思う。論文を撤回させ責任者を処分することで決着をつけ、研究の出発点になった発想もなかったことにして葬り去ってしまうとしたら、科学のためになるとは思えない。

理解しておきたいのは、間違うのは科学の本質の一つだということだ。論文になっても、すべての研究成果は、常に間違いだと反証される可能性に開かれている。ねつ造や改ざんはあってはならないが、それも含めて叩き合い批判し合うことで、科学は進められてきた。データが誤りで仮説に戻ったというなら、何を言われようと、その仮説が証明できるか否定できるまで研究を続けるのが、科学者としての責任の取り方ではないだろうか。論文撤回と不正の認定の後も、STAP細胞が本当にできるかできないか確かめる実験を理研が続けたことに対して、激しい非難が学会などから浴びせられた。だが、そうした実験をやめさせることが科学研究としての正道なのか、議論の余地はあると思う。この点については、第3章であらためて考えてみたい。

社会の側も、科学としての筋を通そうとする努力が行われるかどうかという観点から、関係者の行く末を見守るべきだ。科学研究を支えているのは、われわれ納税者なのだ。理系のことは難しいなどと尻込みせずに、みなが科学のパトロンとしての意識をもって、質の高い研究を求める見識を養うべきである。いい観客が優れた芸人を育てる。それは科学研究にも言えることだと思う。

いい科学者を育て、未熟な者が不正につながる事態を起こすことがないようにするには、どういう修業を求めればよいだろうか。出典を示さないコピペはだめだとか、実験ノートをきちんと書けといったマナーを身につけるのは、必要だが十分ではない。養うべきなのは、研究結果について常に疑って、批判し合う力である。それが、不正まで含めた自他の間違いを見抜き、改める力につながる。若手だけでなく、STAP細胞研究不正の当事者である理研はもちろん、すべての研究機関の幹部にも、あらためてこの科学の原点を堅持する姿勢を、世間に示してほしい。それが日本の科学研究の信頼を取り戻す、いちばんの道ではないだろうか。

本書のねらいと構成〜「欲望」をキーワードに

以上述べてきた、STAP細胞騒動を巡って考えるべき様々な論点は、STAPに限らず、生命科学研究全般の問題につながる、重要な論点である。この機会にあらためて、その一つ一つについて腰を据えて議論してみたい。それが本書のねらいである。

そこでまず第1章では、研究が社会の信頼を得ながら適正に行われるために守られなければならない倫理について、その基本をおさえてみたい。

そこでキーワードにしたいのが、「欲望」だ。倫理とは、要は人間の欲望とどう向き合うかということだと私は考える。人間の欲望というと、まず基本になるのは、衣食住足りて豊かになりたい、元気で長生きしたいという現世利益を求める思いだろう。しかしそれとは系列を異にする不思議な欲望が、人間にはある。この世界はどうなっているのか、なぜそうなっているのか知りたいという欲望である。これこそヒトをほかの動物から分かつ、最も人間らしい本質ではないだろうか。私はこれを、「科学する欲望」と呼びたい。

研究者は、この科学する欲望の充足を、生業としている存在だと位置付けることができる。そして、その欲望を満たすことは無制限で許されるものではない、と考えるところから、倫理は出発する。科学する欲望の充足を制約する条件ないしルールは何か。いいかえれば、科学研究を自由に行うための条件は何か。医療や産業応用に役に立つという「有用性」の訴えは、科学する欲望を正当化する根拠になるだろうか。第1章では、こうした問題について、科学する欲望にどう向き合えばいいかという観点から、論じてみたい。

もう一つの欲望と向き合う生命倫理との関わり

科学する欲望は、それ自体が目的の、自己完結的なものであるのが本来の姿だ。しかしもちろん、科学も社会の中で行われる営みであるから、人間のほかの欲望を満たそうとする行為と無縁ではいられない。

現代の生命科学は、医学の不可欠の土台になっている。だから医学・医療とその関連産業に役に立つ成果を求められる。それが生命科学のあり方を大きく左右していることは否めない。だが、科学は技術応用と産業振興に奉仕するものだという、一方的な関係で捉えてはいけない。それを当然と考えずに、科学の本質を歪めてしまう面があると突き放して見ることも必要だ。

そこで第1章で、医療や産業への応用と切り離した、科学としての筋論を明らかにしたうえで、次に第2章では、生命科学の成果が先端医療の技術開発に応用されることでもたらされる様々な問題に対する社会の議論と、そこで必要とされる倫理について、あらためて過去を振り返り、今後の課題を明らかにしてみたい。

自分の病気を治すために、ほかの人の臓器をもらっていいだろうか。再生医療の材料を得るために、人間の受精卵をつぶして、あるいは遺伝子を組換えて人工の細胞をつくってよいだろうか。子どもがほしいのにできないとき、ほかの人の精子や卵子をもらって、あるいは子宮を借りて、子どもをもうけていいだろうか。こうした問題を議論し一定の決まりを見いだすことが、生命倫理と呼び習わされるようになって久しい。それは、生命と身体を巡る人間の様々な欲望にどう向き合い、その充足が制約されるとすれば、どのような基準と条件によるべきかを考えるということである。そうみれば、生命倫理を、科学する欲望の充足を制約する条件を考える研究倫理と、パラレルな構図で捉えることができる。

第2章では、そうした構図のもとで、生命科学の研究倫理とは別に、技術開発に対して求められる倫理、生命と身体を巡る価値観に基づく倫理という観点から、様々な先端医療に共通して求められる生命倫理の筋論を、おさえることを目指したい。

科学と技術のせめぎあい～筋論から応用問題へ

科学する欲望は、富と健康長寿を求める現世利益的欲望に、一方的に奉仕するものではないと述べた。現世利益を求める欲望の充足が、科学する欲望の充足を進める口実にされることもあると考えられる。また、現世利益を求める既存の欲望の充足のために科学の成果が使われるだけでなく、科学の成果が新しい技術の開発につながり、それが、それまではできるとは考えられていなかったことをできるようにして、新たな欲望を生み出すという、逆の流れもある。自然にしていては子どもができなかった不妊のカップルに、体外受精によって子どもをもうけることを可能にさせた生殖補助医療は、その典型的な例の一つである。

そこで第3章では、第1章と第2章での研究倫理と生命倫理の筋論の応用問題として、再生医学や、人工生命（合成生物学）といった新興の研究分野の動向を例に、科学する欲望と現世利益を求める欲望のせめぎあいについて、考えてみたい。そこでは、そうした二系列の欲望の絡み合いに、政治や宗教がどう対応するかという問題も視野に入ってくる。また、地球の外にも人類の活動領域が広がると、研究倫理や生命倫理の筋論が見直されることになるだろうかということも、将来の課題としてふれてみたい。

実利でも倫理でもない、成熟の道筋を

以上のような第1章から第3章までの本論をふまえて、最後に結章で、生命科学の欲望と倫理は、社会の中でどのような拠りどころを持つことができるかについて、まとめてみたい。

科学する欲望は、現世利益を求める欲望と絡み合いながら、しかし目先の実利に正当化の根拠を求めるべきではなく、また目先の問題にとりあえず合わせたお仕着せの倫理で自己規制するのに甘んじてもいけないと、私は考える。実利でも倫理でもなく、その両者の対立を超えたところに、欲望の充足をコントロールする成熟を求められないだろうか。結章では、その成熟の道筋について、いま何をどこまで言えるか、挑戦してみたい。それが、本書を書こうとした私の意気込みである。最後までお付き合いいただければ幸いである。

第1章　研究倫理の基本

～科学する欲望にどう向き合うか

人にとって科学とは何か

まず、序章で述べた、科学する欲望という捉え方について、もう少していねいに説明してみたい。

現代の科学研究は、自然環境や、人も含めた生物に対し、そのありようを変えてしまいかねない力を持つに至った。だから科学する営みにも、一定の制約が課されて然るべきであると考えられている。科学研究に倫理が求められるのは、そのためである。

だが、そこでいう倫理とは、善と悪を大所高所から決める高尚な説教ではないと思う。科学者に清廉潔白や品行方正を求めるというのとも、違うのではないか。序章でも述べたように、倫理とは、人間の欲望にどう向き合うかであると私は考える。これも先に述べたように、人間の欲望には、富や社会的地位を求める欲望もあれば、健康と長寿を願う欲望もある。子宝に恵まれたいという欲望もあるだろう。だがそれら「現世利益」を求める欲望とは異なる、別の系列の欲望が、人間にはある。自分も含めたこの世界はどうなっているのか、どうしてそうなっているのかを知りたいという欲求だ。それは、単に好奇心というだけでは足りない、人間の本質の一つを成す何ものかなのではないか。これを私は、科学する欲望と呼んだ。

人が科学研究を行う動機は、何だろうか。名誉か、地位か、金か。そのすべてだ、と言ってもいいが、それなら政治でも経済でも芸術でも、人のすることにはすべて同じように言える。いやしくも科学論というなら、ほかの人間活動にはない、科学固有の本質を問わなければいけないだろう。その本質の核を成すものとして、科学する欲望があると、私は捉えたい。金や名誉や地位につながってもいいのだが、それはあくまで結果で、目的ではない。何の役に立つかわからなくても、いやそもそも何かの役に立つかどうかなどとは考えずに、あることを知りたいがために知ろうとする。それが科学という営みではないだろうか。

もちろん、それは一つの理想型ないし理念型である。現実の生活を考えずに星や雲や生き物ばかり見ている人だらけになってしまえば、人間は滅びてしまう。だが人類の歴史を通じていつでも、世の中のほとんどの人が現実の生活のために生きているなかで、科学する欲望に身を捧げてしまう人はいたのではないか。そして、そこが人間の本質というゆえんなのだが、そういう人の存在を、周りの人は、あきれながらも許してきたのではないだろうか。もちろん、科学した結果から、実際に役に立つことも出てくるからではある。だが、それだけではなく、自分ではやりたくてもできないことをやってくれているという思いもあって、科学する欲望に身を捧げる人を、穀潰しと切り捨てずに、養ってやってきたのではないだろうか。

現代では、科学研究は、主に税金を支えに、職業として成り立っている。だがいま述べた私がみるところの科学と社会の関係の本質は、変わってはいないと思う。科学者とは、人間の持つ科学する欲望を満たすことを、自らの生業として引き受けた存在だと考えてみたい。その限りで、科学者は社会から認められる存在になりうるのだ、と。

このように、人には科学する欲望があり、科学者とはその欲望を満たす役目を自ら選び、それを社会から認められた存在だと考えるとしたら、その科学の営みを制約する倫理とは、どのようなものになるべきだろうか。

あらためて研究倫理とは何か

生命科学・医学研究を管理する米国政府の担当官が、専門誌のインタビューに答えて、倫理とは、「研究の一部であって、よけいな事務仕事ではない」と言ったことがある（New England Journal of Medicine 346, 2002, p1429)。この言葉は、研究倫理とは何かを考えるうえで、いい出発点になると思う。

政府の担当者がわざわざこう言わなければならなかったのは、裏を返せば、現場の研究者は、倫理なんて面倒な書類仕事が増えるだけだと思っている、ということだろう。人や動物（の一部）を用いた研究を行うには、各種倫理審査委員会の承認を事前に受けなければならない。それは国によって法令などで決められていることであり、また、ほとんどの専門誌が、倫理審査を通っていることを論文掲載の要件としているからである。そのため研究者は、倫理審査の申請のために書類を書き、審査会議に出頭し、求められた修正や追加のために書き直しをし、書類を出し直すといった作業を、日々のルーティンとしてやらなければならない。それでは確かに、倫理なんて「よけいな事務仕事だ」と思うのも無理はないかもしれない。そんな手間ひまにかける時間があったら、少しでも実験研究に割きたいというのが、研究者の本音だろう。これは米国に限らず、どの国でも、日本でも、同じだと思う。

私は研究倫理について講義するとき、先の言葉に、もう一句足して話すことにしている。「倫理とは、よけいな事務仕事ではなく、人文系学者に任せていいことでもない、研究の不可分の一部である」と。つまり生命科学・医学の研究者は、倫理なんて文系の委員に言わせておけばいいと思いがちだということである。しかし、倫理は、科学を本業としていない外の人にやらせればいい、よけいな手間ひまだと考えてはいけない、それなくしては研究が成り立たない、科学の不可欠の一環だと考えろ、というのが、先の担当官の言いたかったことだろう。論文を専門誌に載せるために、クリアしておかなければいけない手続きの一つが倫理だと思ってもらっては困るということだ。

科学研究者は、職業分類では専門職に入る。専門職は、医師や弁護士がその典型だが、社会から負託された責任を果たすため、独自の知識と技術を備え、職務の質の管理を行うことができるよう、自律性と信頼性を保持しなければならない。そこで、必要な能力を身につけ、腕を磨き、適正に仕事ができるようにしていますよと社会に対して示すために、自分たちが従う規範を明文化したものが、職業倫理である。

研究倫理とは、研究者の職業倫理である。社会から守れと言われるから従うのではなく、自分たちが満足のいくように仕事をするために、自分たちのために従い守るのが、職業倫理である。違反した場合は、社会からではなく、同業者集団から制裁を受けるのが筋である。だから研究倫理はよけいな事務仕事ではないし、専門外の学者に丸投げできることでもないのである。

これを本書の枠組みに即して言うなら、科学する欲望に向き合い、それをコントロールするためには、科学者が自らのために従い守る規範でなければ、真に実効性のある倫理にはならないだろう、ということになる。

研究倫理の要は「科学的必要性と妥当性」

職業倫理としての研究倫理のいちばんの基本は、科学的必要性と妥当性に則って研究を進めることであると、私は考える。いいかえれば、科学的に必要でない研究、妥当でない研究は、やらないし、やらせないということである。

科学的必要性とは何か。ある現象について知り、なぜそうなるかを解明するために、しなければいけないこと。それが科学的に必要なことである。そこには、対象とする現象は、まだ（よく）知られていない、（十分に）解明されていないという前提がある。すでに先行研究があるなら、そこに新しい知識なり新しい仮説、理論なりを付け加えることが期待できない研究は、科学的な必要性が乏しいということになる。ただし追試や再現実験は、補助的な研究としての必要性は認められる。だが科学研究の業績としての評価は、一段落ちることになる。

生命科学の研究倫理としては、次に詳しく述べるが、生きた動物または人を使わなければできない研究か、ほかの方法ではできないか、という点が、重要なチェックポイントになる。ほかの方法で（たとえば試験管内の実験で）できるなら、科学的必要性はないということになる。

次に、科学的妥当性とは、実際の研究計画が、決められた科学的目標（これが知りたい、なぜそうなるか解明したいという目標）に達するのに、適したデザインかどうか、ということである。生きものを使って苦労してデータを出しても、知りたかったことを明らかにできないようなデザインでは、研究する意味がなく、科学的妥当性は認められない。そこを厳しく問い、科学的妥当性のある研究だけが行われるようにしなければいけないと求めるのが、研究倫理の要だと私は考える。

科学的必要性と妥当性の例〜動物実験の倫理

科学的必要性と妥当性とはどういうことかを知るのに、わかりやすい例として、動物実験の倫理原則がある。

生きた動物を実験研究に用いる際は、「代替、減数、洗練」という三つの原則を守らなければならないとされている。英語の頭文字がみなRになるようにされているので、「三つのR」と呼び習わされている。一九五〇年代に研究者が自ら提起したこの倫理原則は、いまでは国際的に広く受け入れられていて、動物実験をやる者がみな従わなければならない、最も基本的なルールとなっている。日本でも、各研究機関において倫理委員会が動物実験を審査する際の重要な基準となっており、また「動物の愛護及び管理に関する法律」で、実験研究者が守るよう努めなければならない規範ともされている。

以下、この三つの原則について、一つずつ説明してみよう。

第一に「代替（Replacement）」とは、生きた動物を使わずに実験結果を出せる方法があれば、そちらを用いなければならないという要請である。そうした代替実験法を開発することが、研究者集団の責務の一つだとされている。たとえば生体内で、ある物質がどのように特定の生命現象を起こしているかを知るために、生きたネズミを丸ごと使うのではなく、細胞を試験管の中で培養して、そこにその物質を入れて観察するというのが、代替法の例である。薬物や化学物質の毒性の試験などは、かなりこうした試験管内の実験に置き替える動きが進んでいる。

第二に「減数（Reduction）」とは、使う動物の数をできる限り減らせという要請である。意味のあるデータを出すために統計数理上必要最低限の個体数に抑えることが求められる。その数は実験計画ごとに審査され判断されるが、たとえばネズミを三百匹使うという研究計画の申請に対し、この実験なら五〇匹で十分なのではないか、といったチェックが行われる。また代替と抱き合わせで、生きた動物を使う実験の数を減らせという意味も、減数にはあると私は考えている。

最後に「洗練（Refinement）」とは、実験が動物に与える苦痛を最低限に抑えろという要請である。そこには、実験終了後、動物を殺処分する際も、苦痛のない方法でやらなければいけないと

表１　動物実験処置に関する苦痛分類

［Scientists Center for Animal Welfare（SCAW）作成］

【カテゴリ A】生物個体を用いない実験、あるいは植物、細菌、または無脊椎動物を用いた実験

【カテゴリ B】脊椎動物を用いた研究で、動物に対してほとんど、あるいはまったく不快感を与えないと思われる実験操作

【カテゴリ C】脊椎動物を用いた実験で、動物に対して軽微なストレスあるいは痛み（短時間持続する痛み）を伴う実験

【カテゴリ D】脊椎動物を用いた実験で、避けることのできない重度のストレスや痛みを伴う実験

【カテゴリ E】麻酔していない意識のある動物を用いて、動物が耐えることのできる最大の痛み、あるいはそれ以上の痛みを与えるような処置を行なう実験

（国立大学法人動物実験施設協議会ホームページより）

いう要請も含まれる。この原則を実地に行うために、実験に伴う苦痛度を、軽いものから重いものまでAからEに分類した基準がつくられている（前頁**表1**）。研究者は、動物実験の申請を行う際、実験計画書に、使う動物に与える苦痛がどのカテゴリーに相当するか、選んで記入しなければならない。動物に耐え難い苦痛を与える「E」に分類される研究は、原則として行ってはならないとされる。切開や管の留置などの処置も、データを得るのに支障がないかぎり、麻酔下で苦痛のないように行うことが求められる。Eの次に苦痛度の大きい「D」になる実験計画は、できれば「C」以下に下げられないか検討を求められることがある。たとえば、高血圧と鼻血の関係を明らかにしたいという実験計画が出された。遺伝子組換えで生まれながらに高血圧になるようにされたマウスを使い、鼻血を出させるために温熱刺激を与えるという。ではその具体的方法はと聞くと、ホットプレートを90℃に熱してその上に鼻血が出るまで載せるという。それはひどい。もっと苦痛の軽い合理的な方法に変えろと、計画の変更が求められた。これが「洗練」の一例である。

「三つのR」は、動物保護の観点から、動物を使う実験研究を抑えろという、科学の外からの要請に応える規範という面もある。だが、みてわかるように、それは本質的には、科学研究を進める立場から、個々の動物実験の科学としての質、つまり述べてきた科学的必要性と妥当性を問う倫理基準だといえる。生きた動物を使う必要が本当にあるか。そこで選ばれた動物と使う数が、科学的な目的を達成するうえで妥当かどうか。実験動物に与える苦痛度が妥当なものかどうか。

また、**表1**の苦痛度分類の「A」にあるように、実験対象にする動物種の選定も、「洗練」原則における科学的妥当性の検討対象だと考えられる。脊椎動物より、無脊椎動物以下の種を選ぶほうが、分類として軽度になる、つまり、「洗練」された実験になるという評価が、そこに示されている。

人を対象にした研究の倫理

動物実験の倫理原則として定められた「三つのR＝代替、減数、洗練」は、人間を対象にした実験研究にもそのまま適用されて然るべきだろう。生きた人間を使わないでできるほかの方法があればそちらに代えよ、研究対象にする人間の数は必要最低限に抑えよ、研究対象となる者に与える苦痛はできる限り抑えよ、ということだ。

だが人を対象にした実験研究では、説明と同意のような倫理原則が重視され、「三つのR」が守られるべき倫理原則として明示されることはない。当然のことで暗黙の前提になっているのかもしれないが、やはりそれは、動物実験の倫理に倣って、はっきり定式化して掲げておくべきではないだろうか。

そこであらためて、人を研究対象にする際に守られるべき倫理原則について考えてみよう。私は、次の三つに整理して考えるのがいいと思う。

（1）科学的必要性と妥当性

（2）本人同意、無償（経済的誘因の禁止）、匿名（個人情報の保護）

（3）第三者機関による事前審査

ここでも第一の倫理原則は、行おうとする実験研究が科学的に必要で妥当なものであること、である。三つのRがそのわかりやすい目安になるだろう。その点で、人間と、実験動物として保護される鳥類・哺乳類（国・地域によっては脊椎動物以上）を対象とする科学研究の倫理は、共通している（連続している）といえる。「科学的に必要で妥当なことしか、生きた人間や動物にしてはならない」ということだ。それが、研究倫理の第一の原則である。

この第一原則は、二番目に挙げた、人間を対象とする研究の管理において最も主要な倫理原則とされてきた、説明と同意（インフォームドコンセント）などよりも、上位の倫理規範だと考えるべきである。本人が同意していても、金銭的な誘因などによる事実上の強要がなくても、個人情報が保護されていても、科学的に必要でない、あるいは妥当でない実験研究を人に行うことは、倫理的に許されないからである。

最後に第三の原則は、第一と第二の倫理原則が個々の研究において守られているかどうかを、研究を行おうとする者以外の第三者から成る倫理委員会などによって事前にチェックするという規範である。科学的必要性と妥当性を倫理委員会によって認められ、承認された研究しか、対象候補者に説明と同意をもちかけてはいけない。科学研究の質を保ち、研究対象者（被験者）の生命・健康と人権を守るうえで、倫理委員会の果たす役割は非常に重要だ。

この役割を果たすため、倫理委員会には、職務の独立性とメンバーの多様性が求められる。人を対象に研究を行う側の者だけでなく、研究には携わらない臨床医や看護職、福祉関係者、法律や倫理の有識者、患者当事者団体など研究対象になる側の者などがメンバーになるよう、米国やフランスでは法令で定められている。また、米国では、倫理審査委員会は各研究機関が設置するよう義務づけているが、フランスでは、審査委員会の独立性を保障するため、研究機関の外部に、国が認可する地域ごとの公的な委員会として設けるよう定めている。

これに対し日本では、第2章でみるように、研究分野ごとに行政指針に基づき研究機関が倫理委員会を設けるようにしている。メンバー構成も多様になるよう指針に目安が示されているが、委員会の地位や権限について米国やフランスのような法的裏付けがないので、審査の独立性の保障が弱く、問題が起こったときの責任の所在があいまいになる恐れもある。審査の実際の内容にも課題が多いが、この点は後に本書の観点から改善の提案を出してみたい。

人の一部を対象にした研究の倫理

生命科学・医学では、生きた人を丸ごと対象にするのではなく、人体組織や細胞、精子や卵子、遺伝子などを健常者や患者らから提供してもらって実験対象とする研究も行われる。こうした人の身体の一部や生命の要素を用いる研究において守られるべき倫理は、どのように考えたらよいだろうか。

その基本は、先に挙げた、人を対象にした研究の倫理の三原則である。これらを、人の一部を用いる研究にもどこまで適用すべきかが問題になる。人の生命と身体の要素のうち、どこまでを「人」の一部として尊重するべきか、逆にいえば、どこからなら「物」とみなして自由に研究材料にしてよいか。それが、人の一部を用いる研究に、どこまで人を対象にした研究の倫理原則を適用するかを決める、判断基準になる。そうした倫理判断の構図と対象になる部位を、**図1**に示してみた。

第一の科学的必要性と妥当性については、人のどの一部を用いる研究でも、同じように適用されるべきだろう。その際、どのように研究対象（試料）を入手するかについて、「代替、減数、洗練」の検討が求められる。たとえば、すでに保存されている人体試料を使ってできる研究であれば、新たに人から採取する必要性はないと判断される。研究目的で新たに採取を行う場合も、通常の診療行為に伴う以上の苦痛はないようにすることが求められる。

第二の倫理原則では、個人情報の保護については、採取試料だけを用いる研究でも、科学的な必要がない限り、提供した本人がどこの誰かわからないように匿名化して利用するよう求められることが多い。これに対し、本人同意の取得義務については、最近は緩和ないし免除してよい例外を認める方向にある。たとえば、提供者を直接研究対象とせず、過去に採取された試料を用いるだけの研究の場合などが、それに当たる。同意を得た研究とは別の研究に用いる際に、同意を取り直すことが免除される場合も増えてきた。また最初の同意においても、提供される人体試料

図１　人を対象にした研究倫理の全体像

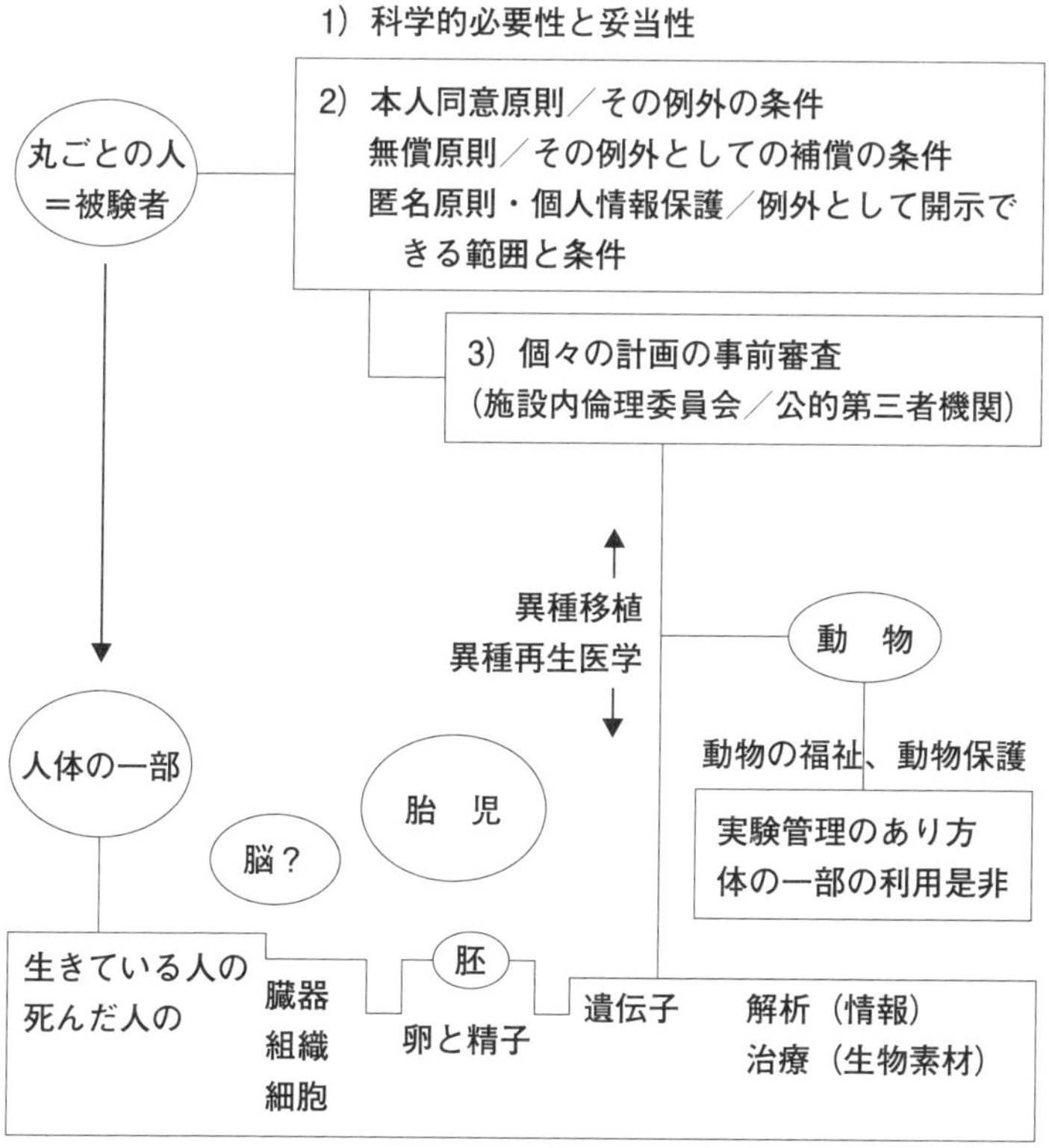

（橳島次郎『先端医療のルール』講談社現代新書，2001, 191 頁を改訂）

を使う研究を特定せず、将来にわたって様々な研究に使うことに同意してくれるよう求めることが、認められるようになった。大量の遺伝情報を、何万人という数の人から提供してもらうような研究が多くなったことが、背景にある。

第三の倫理審査についても、全委員が集まって審査するのではなく、書類の持ち回りや一部の委員だけのチェックで審査をすませてよい場合が認められている。たとえば米国では、人体に侵襲を加えずに採取できる、髪の毛や爪、自然に抜けたか治療で抜歯された歯、唾液、分娩時に出る胎盤や羊水、拭い取れる類の内粘膜などの試料を用いる研究がこれに当たるとしている。

そのように、用いられる人体要素によって、どれだけ厳しく倫理原則を適用するかが違ってくる。たとえば、新しい命の誕生につながる生殖細胞（精子と卵子）の扱いは、皮膚などの体細胞の扱いより厳しくするべきだとか、人の本質に関わる臓器として脳は特別扱いされるべきだとか、受精卵（胚）は一個の人に近い存在だから、扱いはとくに厳しくするべきだ、というように。そこでは、人の一部にどこまで守られるべき人権や人の尊厳が及ぶか、「人」はどこから始まり（遺伝子か？胚か？それとも胎児以降？）、どこで終わるか（脳死？死体はもう人でなく物か？）という、科学的必要性と妥当性とは異なる次元の価値判断、倫理判断が加わることになる。それについては、第2章で詳しく論じてみたい。

有用性は倫理の基準にはならない

ここまで、研究倫理のいちばんの基本は、「科学的必要性と妥当性が認められること」であると述べてきた。ここで注意しておきたいのは、科学的必要性と、よくいわれる研究の「有用性」とは、まったく次元の異なる基準であるということだ。

有用性は、科学の基準ではない。研究の科学としての意義を測れる基準ではない。研究の成果が産業や医療などに応用されて役に立つかどうかという、技術的・経済的基準である。それに対し科学的必要性とは、くり返し述べてきたように、科学内部で自己完結すべき基準である。社会が科学に求める何らかのニーズ（必要）に応えるという意味ではない。

生命科学は、医療や産業への応用に役立つと期待されている。そうした有用性があることが、科学が社会から支持される根拠であるとされ、国が予算をどの研究につけるかを決める際の基準になっている。そこでは有用でないとされた研究は認められにくいことになるので、有用性は、生命科学研究を振興する基準としてだけでなく、それを制約する基準にもなる。

問題は、「有用性」が、生命科学研究の何をどこまで認めるかを判断する倫理的基準にもされてしまうことである。たとえば、人の生命の萌芽である胚を壊してES細胞をつくる研究は、再生医療に有用だから認められるというのが、日本の倫理指針の基本的考え方になっている。

だが有用性は、倫理的判断の基準にはなりえない。倫理とは、欲望の抑制の原理であるのに対して、有用性は、それとは真逆の、欲望の充足の原理だからだ。研究倫理とは、科学する欲望の抑制の原理である。やりたいと思う研究、やろうと思えばできる実験を、科学的必要性または妥当性に欠けるからといった原則に基づいて、やらない、やらせないと判断するのが研究倫理である。あるいは次の第2章でみるように、科学的基準ではなく、社会の合意に基づいて、人の尊厳に反するなどとの理由でやらない、やらせないとするなら、それは生命倫理上の判断になるといえる。それに対し有用性は、医療や産業への応用に役立つなら、科学する欲望の充足をどんどん進めてよいという功利的判断である。この違いは理解しておく必要がある。

医学は、生命科学とは異なり、目の前の病気、患者に対し結果を出さなければならない責任を負っているので、その意味で有用でなければならない。その点で、医学は生命科学と立場を異にする。しかしそれでも個々の医学研究の是非を判断する基準は、有用性ではなく、医学的に検証可能な証拠に基づく安全性と有効性でなければならないだろう。そこに医学以外の社会の価値観(たとえば大きな利益を生み出す新薬を早くつくりたいといった)を紛れ込ませることには、慎重でなければならない。

技術倫理と研究倫理~科学の成果の利用のされ方について

そもそも、科学だけからは実際に役に立つ成果は出てこないだろう。科学の成果を実用化するには、技術開発が必要で、それは科学とは別の行為だと考えたほうがよい。よく基礎研究、応用研究という言い方をするが、実用化という意味での応用を考えるなら、科学研究と技術開発という分け方をするべきだ。
もちろん、その両者は実際には連続していることがあるかもしれないし、同じ人が科学研究者と技術開発者の両方の役割を果たすこともあるかもしれない。だが職業倫理上は、研究倫理と技術倫理は分けるべきである。研究倫理は科学的必要性と妥当性という科学内部の基準に従う。それに対し技術倫理には、先に医学について述べた、安全性と有効性の保障に加えて、開発行為が生体や環境に及ぼすリスクの適正な管理と、開発利用目的の妥当性（軍事転用の是非、テロ目的での利用の防止など）を問う責任も求められる。

科学研究においても、実験行為に伴うリスクの管理は当然求められるが、研究の成果がどう利用されるかについて、科学者はどこまで責任を負うべきだろうか。この問題でよく引き合いに出されるのは核物理学研究と核兵器開発の関係だが、核物理学者が原子核エネルギーの軍事利用に反対する宣言を行うのは、研究倫理に基づく行為だと考えるべきなのだろうか。原子核エネルギーの軍事目的での利用研究は、科学的必要性も妥当性もない、研究倫理にもとる行為だといえるだろうか。自分たちの研究の結果が、自分たちの手を離れて、多大の危害を及ぼす形で利用されることに対し、科学者には結果責任があるという議論がある。だが、原子力研究の軍事利用に反対することは、科学とは別の価値判断に基づく、いわば専門知識のある市民ないし主権者としての政治的な行為だと考えることもできるのではないだろうか。この問題については、本書の議論を進めた最後に、結章でもう一度取り上げてみたい。

研究成果が大きな危害を及ぼす利用のされ方をされる危険に配慮しなければいけないという問題について、生命科学では、鳥インフルエンザの研究論文差し止めの議論がいい例になる。

二〇一一年末、米国国立保健研究所（NIH）生物安全性科学諮問委員会は、二つの研究グループから専門誌に投稿されていた鳥インフルエンザの研究論文について、詳細なデータを削除する形での刊行を求めた。それが議論の発端だった。問題の論文は、世界的な流行が懸念される鳥インフルエンザのH5N1というタイプのウイルスに、人に感染しうる変異遺伝子を組み込んで人為的につくったウイルスが、元のタイプではあまり起こらないとされていた、人から人への感染を起こせる力を得たことを、実験動物（フェレットというイタチ科の哺乳類）で示したという内容だった。

H5N1ウイルスは強毒性で、主に鳥から感染した患者の死亡率が高いことが知られていた。二つの論文は、このウイルスの感染が、人も含めた哺乳類の間で拡大する仕組みを解明した点に、大きな意義があった。だが一方で、強い感染力をもつ強毒性のウイルスを人為的につくれるというその成果がすべて公表されると、生物兵器開発やテロ目的で利用される恐れが大きいと懸念された。専門用語で「軍民二重利用 dual use」と呼ばれる問題である。

そうした懸念に基づく米国政府機関からの論文内容の一部差し止めの要請は、大きな反響を呼び起こした。危険な利用の防止は当然だが、科学研究の結果は広く共有されるべきで、それが危害の防止への備えにもなると科学者は反論した。二〇一二年一月、二つの論文の著者を含む世界の専門家三九人は共同で、この問題を広く社会に提起し、懸念にどう対処するか検討が行われるまでの間、H5N1ウイルスの感染性を高める実験研究を六〇日間差し止める自主モラトリウムを行うと宣言した。この提起を受け、二〇一二年二月、世界保健機関（WHO）が政府関係者と専門研究者などを集めた国際会議を開き、公衆衛生上の観点から、問題の論文は内容をすべてそのまま刊行することが望ましいとの結論を出した。これを受け米国の諮問委員会も同年三月に再検討を行い、差し止めの要請を撤回し論文の完全な形での刊行を支持する結論を出したので、二つの研究論文はそれぞれ五月、六月に国際専門誌上に掲載された。

このケースは、感染症の生物学研究について、私たちが考えなければならない様々な問題を提起した。ここではそのすべてを論じることはできないが、本書の観点からいえば、当事者となった研究者は、自分たちの研究が大きなリスクを伴うことを認識したうえで、それでもその成果をフルに共有することに科学的必要性と妥当性があることをていねいに社会に説明し、理解を求めることで、研究倫理の筋を通そうとしたと評価していいのではないだろうか。

科学の研究成果を実用に応用する（あるいは異なる目的で転用する）技術開発が従うべき倫理と研究倫理とのかねあいについては、第2章で先端医療の倫理について、第3章で人工生命研究の倫理について考えるなかで、さらに掘り下げてみたい。

研究の自由の根拠

生命科学・医学の倫理問題を議論する際、科学者の研究の自由を制約するのはよくないといわれることが多い。たとえば、日本では行政指針で禁止されていた、人のES細胞から精子や卵子をつくる研究の解禁の是非が議論になったときも、「科学者は憲法の『学問の自由』により、基本的にどんな研究もできる」と解禁賛成論を述べた医学者がいた（毎日新聞二〇〇九年五月二二日オピニオン欄）。

確かに日本国憲法第23条は、「学問の自由は、これを保障する」と定めている。ただこの規定は、それ以前の明治憲法下において、国家が政治的理由で大学教授の首を切るような介入が行われた歴史への反省からつくられた。だから普通、学問の自由の保障とは、大学などの学術機関の自治と研究者の身分を保障することだと理解されている。日本国憲法の英訳版では「学問の自由」を「academic freedom」としていることが、それをよく示している。

そこでいう「学問」「アカデミズム」には、かつて国家権力によって否定された天皇機関説のような、政治的に問題となる人文社会系の研究だけでなく、自然科学の研究も含まれていると解されている。科学者にとって、研究の自由は最も重要な権利である。だが憲法学上、その権利は無条件、無制限に認められるものではなく、憲法が認めるほかの基本的人権や公益と抵触する場合は、制限されることがあるとされている。

研究倫理上も、とりわけ生命を扱う科学研究において、何でも勝手にやってよい自由があるとは考えられない。有用性は倫理の基準にはならないと述べたように、「役に立つ研究なら自由にどんどん進めてよい」というわけでもない。現代の生命科学は、日本国憲法ができた後に急速に発展した新興の領域で、生命現象の本質に迫るその衝撃力は、科学者の行為を縛る必要を社会に認識させた。そのように深いレベルで生命を操作するようになった科学研究が、学問だからすべて自由だ、というわけにはいかない。人間に応用される研究では、なおさらである。そこには超えてはならない一線があって然るべきだが、その一線をどこに引くかを決めるためには、学問としての科学研究はなぜ自由なのか、自由が成り立つ条件は何か、その自由を制約する原理は何かという問題を、検討しておく必要がある。

そう考えた私は、四人の科学者にこの問題を直接問いかけ、議論してみた。その結果、生命科学研究を自由に進めてよい根拠は、相互批判の自由が保障されていることだ、という結論を得た（橳島次郎『生命の研究はどこまで自由か』岩波書店、二〇一〇年）。個々の研究が科学的に必要で妥当であるかどうかについて、まずは専門家同士で徹底的に相互批判を行う。相互批判は、研究の計画段階から、実施中も、さらには出た結果についても、研究の全過程が対象になる。上司や権威者に対しては批判ができない、しにくい、ということがあってはならない。誰でもが自由に批判を出し合えることが保障されなければならない。そして専門家同士での相互批判は、専門を異にする科学界全体にも、さらには科学する欲望の充足を研究者に付託した社会全体にも、開かれたものでなければならない。そうした相互批判が、科学研究の質を保障するだけでなく、科学研究の自由を社会に対し主張するための必要条件にもなる。そう考えられる理由を、本章で述べてきたことに即して、説明してみよう。

研究の自由は、憲法が認めているといって済ませてよいことではない。何もしなければ自由は認められないと考えるべきだ。本章では、科学的に必要で妥当なことしかしないし、させないということが、研究倫理の要であると述べてきた。それは、個々の現場での、日常的な相互批判を通じて実現される倫理なのだと考えられる。そして研究倫理とは、専門家集団が社会から信頼され自律を認められるための職業倫理であると述べた。だからこそ、職業倫理として、個々の研究の科学的必要性と妥当性が専門家集団の内外で常に相互批判され検証されていると保障することが、憲法でいう学問の自由が科学研究に認められる条件になるのである。それは、本章で述べてきた別の言い方をするなら、科学する欲望の充足を業として社会から付託されたことに研究者が応えるための、職業倫理なのだと捉えることができるだろう。

ＳＴＡＰ細胞研究で最も欠けていたこと

こう述べてくればおわかりのように、ＳＴＡＰ細胞研究が、日本の科学研究の信頼性を揺るがす一大不正行為になってしまった最も根本的な原因は、研究の計画、実施から論文にまとめ刊行するまでの全過程を通じて、研究者同士の相互批判が行われる機会が保障されていなかったことに求められる。関係者個々人の道徳性や理研の組織運営のまずさといった問題は、相互批判の保障がなされなかった原因として総括されるべきで、それ自体をスキャンダルとして非難して終わってはいけないだろう。

一線の研究者を招いてＳＴＡＰ細胞騒動を研究現場の視点で振り返る議論を私が主催した会で行ったとき、最も腑に落ちたのは、論文の内容に対する疑義が顕在化したとき理研が真っ先にやらなければいけなかったのは、記者会見でも不正の調査委員会の立ち上げでもなく、専門家を集めてこの研究について公開で徹底的に討議する場を設けることだった、という指摘だった（東京財団・生命倫理サロン、二〇一四年五月二八日）。そこで研究の問題点や科学的な真偽について何らかの結論が得られていれば、あれだけ変な具合に尾を引く事件にはならなかったのではないだろうか。失墜した日本の生命科学研究の信頼を回復するための反省課題として、銘記されるよう望みたい。

相互批判をどこで誰がやるか

研究の自由が認められる根拠となる相互批判は、まずは専門家同士の間で、学会や研究室での報告会など公式な場だけでなく、食堂やお茶の席など非公式な場でも自由に行われることが望ましい。そして、そうした日常の場での相互批判を、専門外の人も参加できるようなものにできれば、さらに望ましい。

何年か前から、科学コミュニケーションの一環として、国の事業あるいは大学などの自主的な取り組みで、研究者と一般市民がリラックスした雰囲気で交流する、「サイエンスカフェ」が開かれるようになった。このサイエンスカフェが、社会に開かれた科学の相互批判の場としての機能を果たせるのではないかと私は考える。だが、これまでのサイエンスカフェは、研究者が「科学ってこんな素晴らしいんですよ、面白いんですよ」と成果を披露する場に終わっているような気がしてならない。成果を披露するだけでは、コミュニケーションではなく、一方的なPRにすぎない。確かに、研究費の多くは税金で支えられているので、納税者である一般市民に対し、成果をPRするのも必要かもしれない。だが科学コミュニケーションというからには、その研究をどうしてやるのか、何を知ろうとするのか、そのために必要なことを妥当な方法でやっているかについて、関心の高い一般の人たちとの間で批判的な検討をすることも、求められるのではないだろうか。それは科学の質を高める大きな一助になると思う。

先に述べたように、人や動物を対象にした研究が適正に行われるようにするために、事前に第三者が研究計画を審査する、いわゆる倫理委員会の役割は重要である。詳しくは第2章でみるが、日本でも、生命科学・医学の領域で、国が出す様々な指針に基づいて、研究計画の科学的・倫理的妥当性を審査する委員会が研究機関ごとに複数設けられるようになった。それらの倫理委員会では、研究者以外に、法や倫理の識者と、一般の立場を代表する人を加えるのが原則とされている。私は、これらの各種倫理委員会が、研究の科学的必要性と妥当性について、専門家同士だけでなく非専門家も交えた検討を行える格好の場になるのではないかと考えている。

だがこれまで倫理委員会は、科学的な面の審査はほとんどやってこなかったように思える。科学面のチェックは申請者の判断に任せているという発言を、ある倫理委員会で聞いたことがあるが、そうした遠慮はやめるべきだ。文部科学省のある研究倫理審査委員会でも、科学面の審査はこの委員会の職能でないと言った委員がいた。専門的すぎて困難だとの判断だろうが、倫理審査の対象は、指針の乱発に合わせて細分化される傾向にある。対象分野が狭まれば勉強する必要のある範囲も狭まるので、各分野の特性に合わせた委員の研修プログラムも組みやすくなるのではないか。これまで国の各種研究倫理指針では、研究を行う者に倫理研修を義務づけてきたが、最近は、審査する委員にも研修を行う必要性が理解され始めている。

そうした科学面の審査は、する側・される側双方に相当の負担になるが、それだけの価値はあると思う。研究者と一般の人が、科学的必要性と妥当性とは何かを議論することで、科学に何を求め期待するかについて認識を新たにできる。そのような現場での交流を積み上げてこそ、倫理指針をつくるもとになった、先端的生命科学研究への不安、不信も解消していけるのではないだろうか。

倫理委員会には、そうした議論をいとわない人を委員として入れるべきである。たとえばサイエンスカフェや先端研究のシンポジウムに来た人を勧誘して研修を受けてもらい、各研究機関の委員会に派遣してはどうか。そうした形で関心の高い市民の参与を求め、外から科学を縛るのではなく、科学の営みの一つになる倫理審査ができるようにするべきである。そうしてこそ、冒頭で引用した、「研究の一部であって、よけいな事務仕事ではない」倫理を実現できるのではないだろうか。

科学者は社会にどう向き合うべきか

現代の生命科学研究は、ほとんどが公的資金によって支えられている。その最も基本的な財源は、税金である。民間の助成金もあるが、日本ではその割合は低い。

研究助成費は所管の官庁で配分が決定され、支給される。だがだからといって、科学者が役人のほうばかり向いて陳情するような体質は、改めなければならない。研究費のほんとうの出所は、納税者、つまり一般国民である。科学者は、研究の真のパトロンである一般国民のほうを向いて、研究の価値を説明し、支持を取り付ける努力をすべきである。

公的研究費は、企業や民間財団からの研究資金と比べて、クリーンであるかのように考えられている節がある。だが私はそうは思わない。税金は、究極のマネーロンダリングだといえないだろうか。いったん国庫を通すことで、どこの誰が何をして得た金から出ているのか、わからないようにされているからだ。金主の顔が見えない環境は、モラルハザードにつながりやすい。STAP細胞研究の舞台となった理化学研究所は、すべて税金で運営される特殊法人だったからこそ、運営や研究管理がおざなりになる、モラルハザードの温床になりやすかったのではないだろうか。

私はこれまで、企業や民間財団の研究者として生きてきた。金主の顔がはっきり見える環境で仕事をしてきたのである。逆説的に聞こえるかもしれないが、そうした環境のほうが、モラルハザードは起こりにくいと私は言いたい。研究費を出してくれる企業や団体の個別利益に従って研究内容や結果を操作するようなことはしない。そんなことをしているとみなされれば、研究者としての信用は失われるからだ。研究費を出す金主側に直接の利益にはならなくとも、いい研究をしていると社会から認められることが、間接的に金主の高い評価にもつながる。そう金主に納得してもらう努力を続けなければならない。パトロンに対しそういう緊張関係を保とうとすることで、研究者も自分の研究が社会の中でどういう立ち位置にあるかを理解できる。税金だけに頼って研究をしている環境では、そうした自己認識が育ちにくいのではないだろうか。

科学者は、職業倫理として、自分の研究は社会からの「お布施」で成り立っているのだと理解し、お布施をくれる納税者である一般国民の顔が見えるようにする努力をしたほうがいい。お布施をもらうにあたっては、目先の有用性ばかりをいうのではなく、科学の価値は別にあることを説くべきだ。お布施を出す人たちは、直接のご利益だけを求めているのではないからだ。それが、本章でくり返し述べてきた、科学する欲望の充足を付託されているということの意味なのである。

社会は科学にどう向き合うべきか

では科学者ではない（科学する欲望の充足を生業としていない）者は、社会人として科学にどう向き合うべきだろうか。

まず必要なのは、科学研究が何のためになされる営みなのかを、きちんと理解することだろう。科学者が持つべき認識について述べたことの裏返しになるが、科学者とは、実生活に役に立つ成果を出すためだけの役割を負った存在ではない。人として誰にでも、程度の差はあれあるはずの科学する欲望の、充足を託した相手だと理解することが肝腎だ。

そのうえで、そうした付託に社会の資源をどの程度配分すべきか、考える姿勢が求められる。自分たちが出した税金で、国が必要で妥当な予算などの手当をしているかどうか、評価し批判する見識が求められる。事業仕分けは、本来そうした方向でなされるべきだった。たとえば大きな話題になったスーパーコンピューター「京」について、世界一である必要があるのかないのかで、予算配分を増やすか減らすか決めるのはおかしい。ある数学系研究者が提案していたように、世界一のコンピューターを一台つくれる金があるなら、その十分の一の性能のコンピューターを十台つくって、より多くの研究者が使えるようにしたほうが科学のためになる。そういう提案を、市民も評価し支持できる見識を養うべきだ。

倫理の議論ではよく、「科学者は暴走するから社会が抑えなければならない」ということを言う人がいる。だがそうした十把一からげの不信に基づく科学批判は、研究者・市民双方にとって不幸である。科学者は、自分たちの常識とは違う世界に住む、何をするかわからない変わった人たちではない。科学する欲望の充足を託した人たちだ。科学者にあれはやるな、これはだめだと科学の外から縛ろうとするのではなく、科学的に必要で妥当なことしかやらないし、させない、という相互批判が、個々の研究においてきちんと行われているかどうかを見守るのが、科学のパトロンとしての市民のあるべき姿だと私は考える。

また、逆に、科学の成果といわれるものの宣伝を無批判に受け入れ、素晴らしいですねえとほめて感心するだけに甘んじていてもいけない。受容と礼賛だけが科学を支援するやり方ではない。レベルの高い、本物の研究を求めて厳しく叱咤激励することこそが、真の科学批判であり、科学研究を支持しその成果を享受する、科学のパトロンとしての市民のあるべき姿勢ではないだろうか。序章でも述べたが、見識が高い厳しい観客が芸を育てる、目のあるファンが選手を育てるというのは、科学にも通じる真理だと思う。あえて付け加えるなら、科学する欲望の充足を託したからには、そのためにときには暴走しかねないと思わせるくらいの元気がなければだめだと叱咤する度量が、あってもいいのではないだろうか。日本の科学者はおとなしい控えめな人が多いので、とくにそう思いたくなる。

日本の科学政策の矛盾

日本では近年、官民こぞって、理科離れを防ぐためと称して、初等中等教育（小学校から高校まで）では、いかに科学は面白いものか、夢のあるものかを教えようとしている。しかし、高等教育に進んで、実際に理科系を選んで科学者になろうとすると、役に立つ研究をしろ、産業や医療に応用できる研究をしろ、そうでないと研究費はつかないぞ、と言われるようになる。入り口で夢を売っておいて、出口ではそれをつぶすような、矛盾した政策を採っているのである。

これでは、いい科学者も育たないし、科学の価値を理解する国民もまた育たないのではないだろうか。科学離れを防ぐためには、有用性の呪縛から自由になって、研究それ自体の価値を明らかにすることが必要だ。

現実の前に理想は絵に描いた餅でしかないか

以上、本章では、人間には現世利益を求める欲望とは系列を異にする「科学する欲望」があるとし、科学研究者とは、その人間独特の欲望の充足を社会から付託された存在だと捉えてみた。そしてその付託に応えるために科学者が守らなければいけない規範が研究倫理であるとし、その要諦は「科学的に必要で妥当なことしかしないし、させない」ことだとした。さらにその要諦が守られているかどうか、個々の研究計画について徹底的に相互批判する自由が保障されていることが、科学する欲望の充足を研究者が業として行うことを社会から認められるための、最も基本的な根拠であるとした。

こうしたことを言うと、必ずといっていいほど、「それは理想にすぎない。現実はとてもそうはいかない」という批判を受ける。確かにその通りかもしれない。しかし、それを重々承知のうえで、それでもあえて理想を説く意義があると私は主張したい。

第一に、「現実」とは誰の何のための現実なのか、問う必要がある。往々にしてそれは、従来通り何も変えないことを利益とする、既得権を持つ人たちの現実であるにすぎないことが多い。そうした個別利益のための現実に、みなが従う義理はない。

第二に、たとえその現実が多くの人を縛っているとしても、理想に照らしてそれが間違っていたり不具合が多かったりするなら、正さなければならないのは理想ではなく、現実のほうである。理想とは、まだ現実にはなっていない、その意味では絵に描いた餅である。しかし、何が理想かを考え議論することをやめてしまえば、進歩も発展もなくなる。理想は、現実を照らし、望ましい未来を指し示す灯である。いやしくも研究者、学者たる者が理想を説かずして、誰が説くというのか。私は研究者の端くれとして、理想に照らして現実を批判する役割を引き受けることをいとわない。

そのように科学と社会を巡る現実と理想を見ているのは、もちろん私だけではない。たとえばJT（日本たばこ産業）生命誌研究館館長の中村桂子氏は、大略次のように述べている。科学は産業や医療などに応用する科学技術のため、科学技術はお金儲けのためと、みなが、当の研究者までもが、思って疑わない。生命科学でも、いい薬や治療法ができるのはけっこうなことだが、それは結果であって、第一の目的ではない。大事なのは、生きているとはどういうことかを知り、それをふまえて命を大切にするにはどうしたらよいかを伝えることだ。現世利益を求める欲望を思い通りにかなえるのをよしとし、そのための「お金と権力」を大事にする人たちが動かしている今の世の中は、いのちを大事にすることとは対極にある。それが生命科学のありようも歪めている。この流れを何としてでも止めたい。それが中村氏の考えだ（『ゲノムに書いてないこと』青土社、二〇一四年）。そして、直接この点に対してのコメントではないが、同じ著書で中村氏は、「九九％暗くても、一％の明るいところを見ようときめている」と述べている。

現実は、変わるものである。宇宙物理学者で、科学と社会の問題についての著書も多い池内了氏は、科学研究を志す者に向けて必要な基本姿勢を説いた著書で、こう述べている。

「［科学のための科学ではなく、実用に役に立つ研究をしろという］科学における『経済論理の貫徹』という趨勢はしばらく続くだろうが、そう長くもないと思っている。……科学の研究は金さえかければ実が上がるものではなく……結果として得られる果実は少ないと予想されるからだ。そのことが判明したときには科学者バッシングが起こるだろう。……しかし、それは筋違いというもので、金で科学の業績が買えると思い込んだのがそもそも間違いであったのだ。……となると、科学研究のシステムを変えざるを得なくなるに違いない」（『科学者心得帳』みすず書房、二〇〇七年、四〜五頁）。

このように将来が予想されるとしたら、科学者としてどう生きていくべきか。池内氏は、「はっきりと自らの存在意義が語れるか、……誤魔化さずに胸を張って言えねばならない」、それが科学者の、共に社会に生きる人間として求められる「日常行動における説明責任である」と述べている（『科学者心得帳』、一七三頁）。

その通りだと思う。本書のこれまでの論旨で言い換えさせてもらえば、何かの役に立つと現世利益で正当化する前に、まず人間として、科学する欲望の充足のために忠実に生きようとしているると、ごまかさずに胸を張って言えなければならない。それが科学研究者の職業倫理だ。そうした筋を通す科学者が増えれば現実は変わるだろうし、それを支持する人も多くなるだろうと、私は期待する。

倫理とは、現実に理想を合わせることではない。妥協しなければ進めない場合もあるが、それでも、理想に照らして現実を評価し、正すべきところがあれば正すのが、倫理だろう。この筋を通そうとする姿勢を持てないのであれば、研究倫理といくらいっても、結局は追認の手続きで終わるだけの、アリバイづくりにしかならないのではないだろうか。

STAP細胞研究の不正が明るみになった後、あらためて研究倫理の教育が必要だといわれるようになった。そこで研究倫理教育の中味としてまずいわれたのは、実験ノートをきちんとつけるようにしなさい、データのねつ造やほかの人の論文のコピペはいけません、といったことだった。だがそれは当然のマナーないし作業手順というべきもので、研究倫理だとことさらにいうほどのものではないと私は思う。自分がやろうとする個々の研究は科学的に必要で妥当か、その根拠は何か、ごまかさずに胸を張って言えることが、科学者に求められる第一の研究倫理ではないだろうか。

第2章　生命倫理とは何か

～日本のこれまでの歩みと今後の課題

技術倫理と生命と身体を巡る価値観の倫理

天文学は、はるか古代に、天下国家の吉凶を判断する占星術のために行われた天体観測から生まれたという。盛んに天体観測が行われたのは、農業を進めるうえで欠かせない暦をつくるためだったともいわれている。夜、星を眺めて、あの光るものは何だろう、どうやって光っているんだろうと思いを馳せる人よりも、今年は豊作だろうか、そろそろ種まきをする季節だろうかと案じる人のほうが、はるかに多かったのだといわれれば、確かにそうだろうというほかはない。

そのように、第1章で議論した科学する欲望は、人間の欲望全体から見ればマイナーなもので、やはり、富や健康長寿を求める現世利益的欲望のほうが、人間の生活の中心を占めるものなのだろう。

科学する欲望も、この人間の主たる欲望と無縁ではいられない。ただその関係は、第1章で述べたように、現世利益を求める欲望を満たすために科学が奉仕するという、一方的なものではない。科学研究の成果の実用への応用は、科学そのものではなく、技術開発という別の営みだと分けて考えるべきである。

技術開発は、科学する欲望の側ではなく、現世利益を求める欲望の充足に応える側に属する。

そして医学は、病や傷害による苦しみに対処し、健康と長寿を願う人の求めに応えることを使命とするので、科学ではなく、技術開発に属する営みだといえるだろう。

二〇世紀後半以降、急速に発展した生物学を基盤とした現代医学は、自然に介入する力を大きく加え、生命と身体を巡る人間の様々な欲望の充足を可能にする技術を実用化した。そうした技術開発は、新たな医療とその関連産業を生み出し、それら新たな医療の登場が、さらなる欲望の創出と拡大につながるという循環を生じさせる。

そのいい例が、ゲノム解読技術の開発によるDNA情報の提供サービスの拡大普及だ。人の全DNA配列を読み取る機器の性能が高められ、解読速度が増し、コストが下げられていくに従って、病気の診断に使うだけでなく、様々な体質や性向、さらには適性や能力をDNA情報によって知りたいという欲望が掘り起こされ、それに応える情報を提供するサービスが事業化された。そうしたサービスの宣伝が、いまや日常的にパソコンの画面に現われる時代になっている。つい一昔前まで、遺伝子診断は限られた専門検査会社に発注するものだったのが、嘘のようである。

こうして、従来はかなえようのなかった生への欲望の充足を可能にする、臓器移植や生殖補助医療のような、人の生と死のあり方に深く介入する先端医療が、次々と登場する時代になった。自分の病気を治すために、脳死の人や生きた人の臓器をもらうことはどこまで認められるだろうか。子どもができないからといって、ほかの人の精子や卵子や受精卵をもらって、子どもをもうけてよいだろうか。こうした先端医療をどこまで認めてよいかを考えるには、第1章で研究倫理との対比で述べた技術倫理（目的の妥当性、安全性と有効性の確証、リスク管理の保障など）に加えて、生命と身体を巡る価値観に基づく判断が問われることになる。それを議論し決めていくのが、いわゆる生命倫理である。

本章では、これまで日本で生命倫理がどのように議論され、どのような対応が行われてきたかを概観し、それがはたしてどれだけうまくいったか、いかなかったかを、あらためて評価してみたい。そのうえで今後何が課題となるかについて、この問題に最も体系的に取り組んできたフランスの例を参考にしながら、考えてみたい。

生命倫理の対象全体の見取り図

そこでまず、議論の対象になる先端医療の、全体の見取り図を示しておこう（図2）。

ここに挙げた先端医療は、通常医療の範囲を超えた、特殊な医療技術である。それらは、次のような共通の特徴を持っている。

＊生命操作や人体への侵襲の度合いが深い

＊実験研究段階のものもかなり含まれる

＊臓器や精子・卵子などの提供者を必要としたり、血縁者や家族にも関わる遺伝情報を明らかにしたりするなど、通常の医療の基礎を成す、一対一の医師・患者関係の枠におさまらない

＊人の生命の始まりと終わり、親子や家族のあり方などに関わる社会の価値観に左右され、ま

図2　生命倫理の対象となる先端医療の全体像

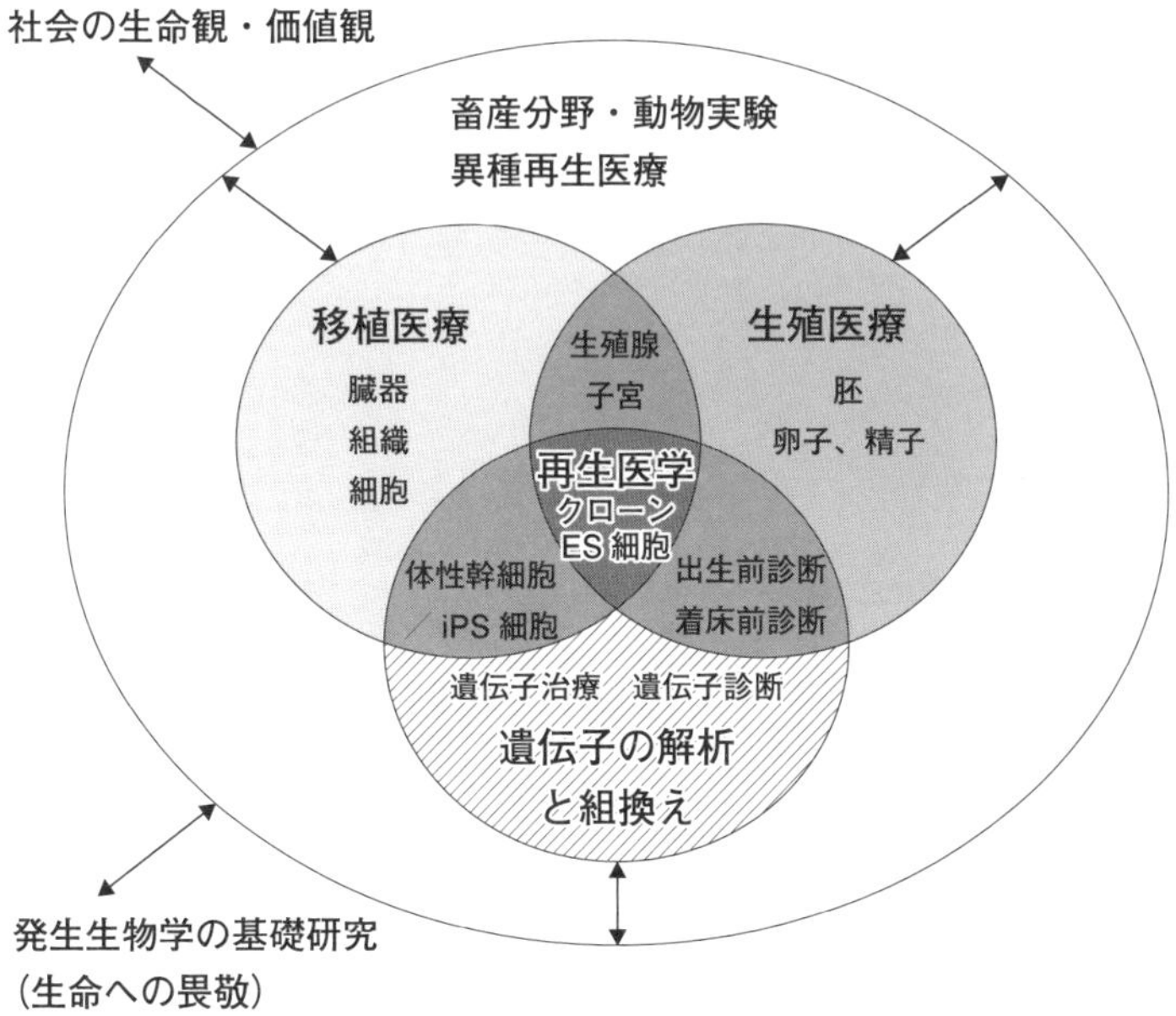

（橳島次郎『先端医療のルール』講談社現代新書，2001, 24頁を改訂）

た逆にそれらを左右する性格を持つ

こうした特徴ゆえに、先端医療は、医学的問題だけでなく、倫理的・社会的問題を伴うことになり、何をどこまで認めるか、あるいは認めないかが議論されるようになった。

一九八〇年代、生命倫理問題への対応の始まり

日本で「生命倫理」という言葉が使われ始め、先端医療の倫理的問題にどう対応すべきかを考える議論が始まったのは、一九八〇年代のなかばである。振り返ってみれば、この時期になされたこととなされなかったことが、その後の日本における生命倫理の特徴を形づくり、今に至るまで長く影響を与えてきていることがわかる。

いちばんのきっかけは、ほかの人に移植する臓器を取るために、脳死を人の死としてよいかが問われた、脳死・臓器移植論議だった。

日本で初めて脳死者から心臓が提供され移植に用いられたのは、一九六八年八月だった。だが、提供者の脳死判定は間違いがなかったのか、手術を受けた患者は本当に移植を必要とするほど重症だったのかについて疑義が出され、市民からの告発を受けて当局の捜査が行われる事態になって、脳死移植への社会の信頼は大きく損なわれた（実施責任者の名を取って、和田心臓移植事件と呼ばれる）。このため、その後長い間、日本では脳死者からの臓器移植は一件も行われない状況が続いていた。

そうしたなか、一九八二年頃、脳死を経て心停止した人から腎臓が摘出され移植が行われていることが学会発表などで明らかになり、報道されたことで、事実上の脳死移植が密かに行われていると受け取られ、その是非を問う議論が起こった。それが脳死・移植論議の始まりだったと、私は記憶している。

脳死・臓器移植論議に対応するため、厚生省は、専門医からなる研究班を発足させ、一九八五年十二月、その研究班が脳死判定基準を定めた報告書を提出した。そこで出された基準は研究班の長の名をとって「竹内基準」と呼ばれ、その後の日本の脳死判定の基本となる。

この竹内基準に対し、評論家の立花隆が詳細な批判を展開したことが、日本の脳死論議のあり方を決定づける大きな影響力を持った（『脳死』中央公論社、一九八六年）。医学文献を駆使した立花の論は、専門家の権威を覆し、広く社会的な議論を導いた点で画期的だった。だがそれは他方で、脳の死は人の死かという死生観に関わる哲学的な問いが、竹内基準は脳の死を判定できているのかという臨床診断の技術的妥当性の議論に置き換えられてしまう「ずれ」をもたらすことにもなった。

ともあれ、脳死論議が盛んになることによって、竹内基準によって脳死を人の死とし、和田心臓移植事件以来行われないできた、脳死者からの臓器移植を再開しようとした医学界と厚生省の思惑は外れた。この時期、脳死移植をあえて実施しようとした医師たちを、反対派の医師らのグループが刑事告発する運動も行われたことで、日本での脳死移植再開は暗礁に乗り上げた。

そうしたなか、一九八九年十一月、胆道閉鎖症で瀕死の乳児に、父親が肝臓の一部を提供する生体部分肝移植の日本第一例が行われる。以後、腎臓に続き肝臓も、生きている家族などからの提供による移植が成人の間にも拡大普及し、臓器移植の主流になっていく。脳死者からの提供ではなく、生きている肉親などからの提供に依存する、今日まで続く日本の移植医療の特異性が、ここに形成されることとなった。

一方、脳死・移植論議が激しくなるのと同じ時期、一九八三年十月に、体外受精による出産の日本での第一例が、東北大学で実施された。しかし生殖補助医療は、脳死・臓器移植に比べればほとんど社会的に問題にされることのないまま、結果的に水面下で普及していった。日本人は、脳死臓器移植と違って、体外受精による生殖補助医療は、大きな抵抗もなく受け入れたということができる。その理由は、よくわからない。だが事実として、日本では、脳が不可逆的に機能を停止したと診断されたらその人は死んだといえるのかという、人の命の終わりについての議論が激しくたたかわされる一方で、人の手で受精を行う、生命の始まりを操作する先端医療についてはあまり議論されなかった。生命の始まりではなく終わりに議論が偏るという、日本の生命倫理の特徴が、ここに形成されることとなった。

これに対し欧米諸国ではその逆で、脳死はあまり問題にされない代わりに、体外受精の是非が激しく問われた。それには生殖技術に反対するカトリックなどの宗教文化が深く関わっていると理解されてきたが、では日本の宗教文化は、生命の始まりよりも終わりのあり方のほうに熱心な教義をもっているかというと、それほどはっきりした説明はできないように思う。

ただ日本でも当初は、体外受精の実施に慎重な対応もみられた。一九八〇年代を通じて、先端医療がもたらす問題に対処するため、いわゆる大学医学部倫理委員会が日本中で設置されるようになった。その第一号となったのは、一九八二年十二月、徳島大学だったが、徳島大が倫理委員会を設置したのは、学内で体外受精実施計画が持ち上がったことに対応し、その倫理問題を検討するのが目的だった。そこでは世論の動向にも配慮して、慎重な審議が進められたという（森崇英『生殖・発生の医学と倫理』京都大学学術出版会、二〇一〇年）。

だがその後、生殖技術は、日本の生命倫理の議論において、あまり大きく取り上げられることがなかった。

一九九〇年代前半、停滞・成功・追認

膠着した脳死・臓器移植論議を打開するため、国会が一九九〇年二月、脳死・臓器移植に関する臨時調査会（「脳死臨調」）を設置して、公の場での議論を始めた。脳死臨調は、二年近い激論の末、一九九二年一月に最終答申を出したが、脳死を人の死とし、脳死者からの臓器移植推進を認める多数意見と、脳死を人の死と認めず、脳死移植には慎重な立場を取る少数意見の、異例の両論併記となった。

この答申を受け、国会議員連盟や政党間での協議が始められ、一九九三年十二月には、脳死臨

調多数意見に基づく臓器移植法要綱案がまとめられた。しかし国会の内外で臨調少数意見を支持する論も根強く、合意が得られず立法には至らないまま、脳死と診断された人からの臓器の移植はできない状態が続いた。

そうしたなか、遺伝子組換えの技術を用いて疾患を治療しようとする遺伝子治療が米国で実用化され、日本でも実施が計画されるようになった。遺伝子は生命の設計図だとされ、遺伝子治療は病気を大元から治すことができる究極の医療だと期待された。だが一方で、人の遺伝子を操作することに対する懸念も大きかった。そこで、現場での実施が先行し脳死移植のように倫理面の議論が混乱する事態になるのを避けるため、一九九四年二月と六月に、厚生省と文部省が、遺伝子治療臨床研究倫理指針を策定し、告示することとなった。この指針に基づいて国が事前審査し承認した計画によって、一九九五年八月、日本での遺伝子治療第一例が、北海道大学医学部附属病院で実施された。

これは、日本において、倫理的問題を伴う先端医療に対して公的対応が行われた、最初の例となった。厚生省・文部省の指針は行政告示に過ぎず、法的拘束力はない。だが、関連医学界は進んでこの行政指導に従い、その結果、遺伝子治療臨床研究は、慎重に管理され、大きな問題や議論を引き起こすことなく、進められていった。この成功体験が、後で述べる、二〇〇〇年代以降の行政による倫理指針乱発の原因になったとみることができる。

他方、次々と実用化される新しい生殖補助技術に対しては、公的な対応はなく、日本産科婦人科学会の会告による自主管理に委ねられた。同学会は、体外受精に続き、一九九二年には顕微授精、九七年には第三者による精子提供（ＡＩＤ）の実施を会告で追認し、さらに普及に拍車がかかっていった。

一九九七年から二〇〇一年まで、進む仕分け

一九九七年六月、長く激しい議論の末、臓器移植法が国会でようやく成立した（「臓器の移植に関する法律」平成九年法律第一〇四号）。生前本人が書面で同意の意思表示をしていた場合のみ、脳死による死の判定と臓器提供を認めるという、世界で最も厳しい条件を課すことで、推進派と反対・慎重派双方がぎりぎり納得できる妥協点を見いだした結果であった。

こうしてかろうじて成立した移植法だったが、長年の空白が響き、脳死者からの臓器提供は法律が施行されても一年以上実現しなかった。法に基づく脳死移植の第一例が行われたのは、一九九九年二月だった。以後、提供者数は毎年一桁台という非常に低い水準で推移する。一方、生きている人からの提供による生体臓器移植は、諸外国と異なり日本では移植法の対象外とされ、規制を免れたため、さらに拡大の一途をたどった。臓器移植全体に占める生体移植の割合は、腎臓で八割前後、肝臓では九割九分前後と、他国には見られない高さだった。脳死者からの提供を主とする世界の移植医療とは異なる道を、日本の移植医療は歩み続けていく（その後二〇一二年には、後で述べるように脳死者からの提供が徐々に増え、肝臓では生体移植の割合は九割にまで下がったが、

腎臓では逆に八割八分まで上がっている。依然世界最高規模の生体移植依存度であることに変わりはない）。

一九九七年には、日本の生命倫理の論議と公的対応に転機をもたらす、もう一つの出来事があった。この年の二月、体細胞核移植によってクローン羊を誕生させることに成功したと、英国ロスリン研究所のイアン・ウィルムット博士らの研究グループが発表したのである。クローンとは、別の個体と同一のゲノム組成を持つ個体のことで、それまでカエルでは成功例があったが、哺乳類ではなく、できないとされていた。それだけにこの発表は、驚きをもって迎えられた。

この成果発表は、生物学的意義や、畜産などでの応用への期待をはるかに超えて、羊でできるなら人間でもできてしまうのではないかと受け取られ、発生工学の研究に対する懸念を国際的なレベルで急速に広めることになった。同年六月の先進国首脳会議（デンバー・サミット）では、国際経済と国際政治に関する問題を討議するサミットとしては異例なことに、クローン人間産生に反対する声明が出された。これを受けて日本では十月に、首相が議長を務める科学技術会議に、生命倫理委員会が設置された。日本で初めて、先端生命科学の研究と応用がもたらす問題を検討する、国家レベルでの組織がつくられたのである。クローン羊がもたらした衝撃のゆえであった。

翌一九九八年一月、生命倫理委員会にクローン小委員会が設けられ、討議を重ねた結果、九九年十一月、クローン人間産生を禁止する立法を行うよう求める答申が出された。この答申に基づき、旧科学技術庁が法案を策定し、二〇〇〇年十二月、クローン技術規制法が成立、翌〇一年六月に施行された（「ヒトに関するクローン技術等の規制に関する法律」平成十二年法律第一四六号）。

クローン技術規制法は、憲法が保障する「学問の自由」に対し、クローン人間の産生等が人の尊厳を侵し、社会の秩序を乱す恐れがあるという理由で、関連する生命科学研究を国が禁止ないし規制するとした、初めての法律だった。その意味では、大きな議論を呼んでも不思議のない立法だった。しかし、国会では、民主党が政府案を批判し対案を出したが、ほとんど審議は行われず、臓器移植法に比べれば、あっさりと成立した。すでに国際社会やマスメディアで、クローン人間禁止という流れができていたためだと思われる。

だがこの国の対応は、確固とした倫理的理念に基づくものだったかどうか、疑問である。なぜなら、同時に並行して、やはり人の命の始まりを操作する発生工学的研究を、法的拘束力のない行政指針で認める決定を、政府は下していたからである。人間の生命の萌芽である胚（受精卵）を材料にして、体中の臓器・組織を再生できる「万能細胞」と期待された胚性幹細胞（ES細胞）を樹立し使用する研究がそれである。

一九九八年十一月、米国で、マウスで樹立・使用されていたES細胞を、ヒトでも樹立できたという研究論文が発表された。これを受けた日本での対応は異例に早く、同年十二月、科学技術会議生命倫理委員会にヒト胚小委員会が設けられ、二〇〇〇年三月、国の事前審査を条件にヒトES細胞の樹立と使用の研究を容認する答申が出された。この答申に基づき、二〇〇一年九月、文部科学省はヒトES細胞研究指針を告示した。欧米では、人の始まりである胚を壊す行為だとして、激しい賛否の議論を呼び起こし、法律で禁止し、あるいは厳しい規制を課す国が多かったのに対し、日本ではES細胞研究は、さしたる議論もなく立法の対象から外され、行政指針で済ます軽い形で、容認されたのである。

クローン立法に対する民主党の対案（「ヒト胚等の作成及び利用の規制に関する法律案」第一五〇国会衆法八号）は、私も策定に関わったが、こうした政府の対応は不十分だとし、法の管理規制対象を、クローンだけでなく、ES細胞の樹立と使用など、人間の生命の始まりを扱う研究全体をカバーできるようにしようという考え方に基づいてつくられた（**図3**）。政府案にはなかった、クローン研究などに用いられる人の精子、卵子、胚について、提供者の同意取得を義務づけ、売買を禁止し、個人情報を保護する倫理規定も設けられていた。そして三年を目処に、法律の対象を、研究に用いる胚などがつくられる元である生殖補助医療にも広げる見直しを行うとの規定も設け、公的対応がなされずにきていたこの分野での国の関与を求める姿勢も示していた。この案は、実際に対応が求められていた倫理的問題に対し、必要最低限の規定を備えた合理的な案だったと思うが、政府案を与党の自民・公明両党が支持し可決したため、採決もされずに葬られてしまった。

だがこれより少し前、生殖補助医療の現場では、公的対応の必要性を認識させる事態が起こっていた。その結果、学会の自主規制に任されていた生殖補助医療への対応でも、この時期に変化が見られた。一九九八年六月に、一産科医が、それまで認められていなかった、第三者からの卵子の提供による不妊治療を行ったと公表したことがきっかけだった。同医師は学会から会告違反

図３　クローン技術規制の枠組（政府案との比較）

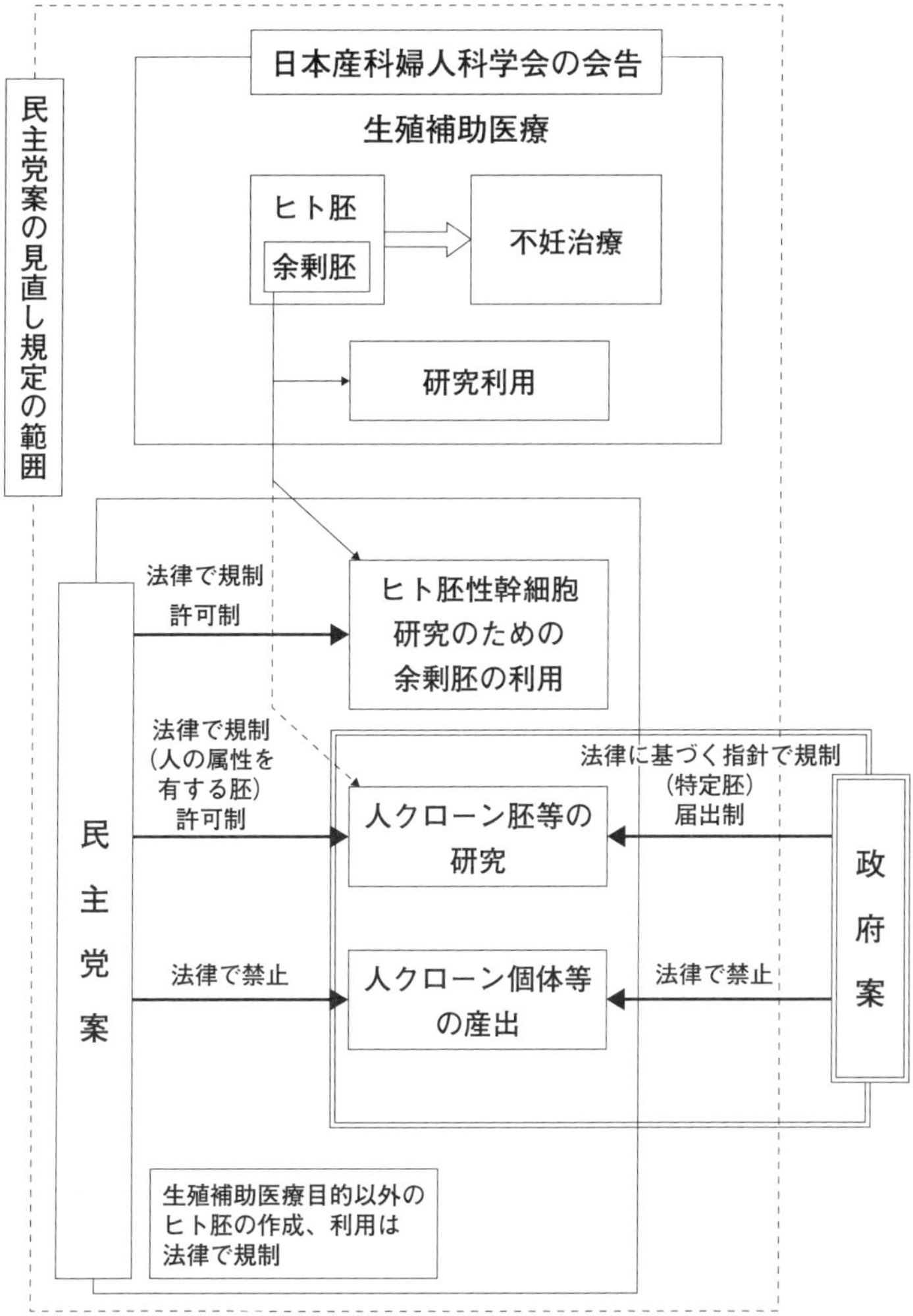

（衆議院法制局作成資料より）

で除名されたが、卵子提供による施術を続けたため、自主規制の限界が明らかになった。そこでようやく厚生省が、生殖補助医療の公的規範の検討を始めることになったのである。一九九八年十月、同省に設置された専門委員会は、二年以上議論を重ねた末、二〇〇〇年十二月に、卵子提供は認め、第三者の女性に産んでもらう代理出産を禁止するよう求める報告書を出した。それに基づき、立法を想定した検討がさらに続けられることになる。

ここで指摘しておきたいのは、生殖補助技術に対する対応の議論が、クローン人間禁止の議論とまったく切り離されて行われたことである。クローン技術の人への応用は、通常の仕方では子をもうけられないカップルによる利用も想定されていた。そこでは、卵子の提供や代理出産を伴うことがありうる。したがって、クローン人間産生を規制するためには、生殖補助医療の現場に対する公的管理が不可欠なはずだった。だが、そうした対応はなされなかった。

次いで二〇〇〇年から〇一年にかけて、生命倫理の議論と公的対応のもう一つの焦点になったのが、いわゆるミレニアム・プロジェクトの実施に伴う動きであった。二〇〇〇年度から国の科学技術研究予算の重点領域として生命科学・医学が取り上げられ、なかでもヒトゲノム・遺伝子解析研究が目玉とされたことに対し、「生命の設計図」であり「究極の個人情報」である遺伝子の扱いについて、公的なルールを設ける必要があると認識されたのが、そのきっかけだった。一九九九年にまず旧厚生省単独で始まった議論に、あとから文部科学省と経済産業省も加わって、二〇〇一年四月、三省共同で「ヒトゲノム・遺伝子解析研究倫理指針」が策定され、施行されることになった。

また二〇〇三年に個人情報保護法が成立するのを受け、同法で対象外とされた学術研究における個人情報の扱いについて、二〇〇二年に、症例データなど個人医療情報を専門に扱う疫学研究の規範と手続きを定める倫理指針が策定、施行された。法がカバーしない研究領域での個人情報保護を、行政指針でカバーしようとしたのである。法律よりも行政の指針で、という日本の生命倫理対応の特徴が、ここでも示されたといえる。

行政が指針をつくる際には、広く社会の声を聞くためとして意見公募を行う手続きがとられるが、その時期は短く、しかも指針案の内容がほぼ決まった後になされることが多く、反対や修正の意見を出してもほとんど通ることがないのが通例だった。これでは多様な価値観に基づく生命倫理に関する民意の集約は果たせない。どうすればそれができるかを議論することも重要で、今後に残された大きな課題だといえる。

二〇〇二年以降、二〇一四年まで～進んだことと進まないこと

二〇〇二年以降、分野ごとに行政指針を設けて、先端生命科学・医学の倫理的問題に対処する方式が、拡大、定着していく。二〇〇三年には、それまでに設けられた指針のどれにも対象にならない、主に医学分野での人を対象にした研究の規範と手続きを定める臨床研究倫理指針がつくられた。二〇〇六年には、胚ではなく成体（主として患者自身）から得られる骨髄由来などの体性

幹細胞による再生医療の臨床研究指針がつくられた。

また、二〇〇九年にはES細胞研究指針が改訂され、樹立されたES細胞を使用するだけの研究は、それまで義務づけられていた国の審査が廃止され、実施機関の審査と国への届け出だけでよいことになった。これは、規制が厳しすぎるので緩和してほしいとの研究者側の訴えに応えたものである。

さらに二〇一〇年には、ES細胞に加え、新たに発見され研究が推進されたiPS細胞などから、生殖細胞（精子と卵子）を作成する研究に関する倫理指針が策定された。ES細胞などからの生殖細胞の作成は、実験研究によってつくられた細胞から新たな生命が誕生しうる点で倫理的に問題があるとされ、旧科学技術会議の答申で禁止されていたのだが、これも研究者側の要望で、解禁したのである。ただし、作成された精子と卵子を受精させて胚をつくる研究と不妊治療などでの使用に応用する研究は、認められなかった。

一方、賛否の対立のなかで立法が行われた脳死臓器移植は、施行後長い間、年に一桁台の提供者しか出ず、二〇〇六年以降、ようやく十件をかろうじて超える、低い水準にとどまった。そのため、厳しい法規制を緩和するよう患者団体や移植医らが強く要望してきた結果、二〇〇九年七月、移植法は改正され、本人の書面による同意がなくても、家族の同意だけで臓器提供ができるように改められた。これにより、日本ではできなかった、意思表示のできない十五歳未満の子どもからの臓器提供も、できるようになった。

この改正法が施行された当初は、二〇一〇年八月から半年足らずの間に、二五件を超える提供が一気に実現した。脳死臓器移植への関心も大きく高まった。しかしその後は期待されたほどの増加は見られず、社会の関心も後退して、心臓死後と合わせた死者からの臓器移植は、二〇一二年、一三年と逆に減少していった。十五歳未満の子どもからの臓器提供も、二〇一四年十一月までの時点で、六件にとどまっている。

また、諸外国と異なり日本では移植法の対象外とされ、無規制のまま行われていた、生体移植と臓器以外の人体組織の移植をどうするかについては、二〇〇九年の改正審議の際もほとんど議論がなされず、公的な対応は行われないままに終わり、課題を残す結果になった（梛島次郎・出河雅彦『移植医療』岩波新書、二〇一四年）。

生殖補助医療については、二〇〇三年四月、厚生労働省と法務省の審議会が、卵子提供を条件付きで認める一方、代理出産は原則禁止とする規制を設ける立法の骨子を示す答申を出した。しかし国会議員の間で広く合意が得られないなどの理由で、法案ができるまでには至らなかった。そのため公的規制のないまま、国内外で代理出産を実施する例が相次ぎ、既成事実化が進む一方、親子関係の確定ができず問題となるケースも出る事態になった。

このため厚生労働・法務両省は、日本学術会議に、代理出産の是非を中心にした立法などの政策対応を検討するよう諮問を行った。同会議は二〇〇九年三月に、代理出産は原則禁止とする立法を行うよう求める答申を出したが、やはり国会議員らの間で広く合意を得て法案策定が進むことにはならなかった。その後、二〇一三年から一四年にかけて、この停滞状況を打開しようと、有志の国会議員が、卵子提供と代理出産（代理懐胎）を条件付きで認め、生殖補助医療で生まれた子の親子関係を確定するための法律要綱案を策定し、議論を進めようとの動きが出てきた。

一方、生殖補助医療の向上に資する研究を目的としてヒトの胚を作成する行為については、二〇一〇年末に行政指針が策定され、一定の条件のもとで認められることになった。この点は、先にみた、ES細胞やiPS細胞からつくった精子と卵子から胚を作成する研究を禁止した指針とは、研究目的で人の生命の萌芽をつくってよいのか否かという点で、矛盾する内容となっている。そのように全体の整合性がともすると保たれなくなるのが、個別分野ごとにばらばらに指針を設けてきた日本の生命倫理対応の、大きな問題点である。

以上の経緯によってこれまで日本でつくられた、先端医療・研究に対する公的ルールの一覧を、**表2**にまとめた。

まとめ・日本のこれまでの生命倫理の特徴

こうしてみてくるとあらためてわかるように、日本の生命倫理の議論と公的対応は、脳死は人の死か否かという問題と、脳死者からの臓器の摘出と移植はどういう条件で許されるかという問題が中心だった。それに対し、生きている人からの臓器の摘出と移植や、臓器以外の人体組織、細胞の扱いについてはほとんど議論されず、公的対応もない状態が続いていて、その意味で生命

表 2　日本における先端医科学研究と臨床応用に関する公的対応
年代順一覧（2014 年末現在）

遺伝子治療臨床研究に関する指針（1994 年策定、2004 年改訂）

手術等で摘出されたヒト組織を用いた研究開発の在り方（1998 年審議会答申）
＊廃棄される手術残余（主に肝臓）を新薬開発研究等に用いるための仕組みと手続きを定める

臓器移植法（1997 年制定、2009 年改正）

クローン技術規制法（2000 年制定）
→　特定胚の取扱いに関する指針（2001 年策定、2009 年改訂）
＊「動物性集合胚」と、09 年改訂で「人クローン胚」の樹立研究を、国への届出制とする

ヒトゲノム・遺伝子解析研究に関する倫理指針（2001 年策定、2004 年改訂）

ヒト ES 細胞の樹立及び使用に関する指針（2001 年策定、2009 年改訂）
→　2009 年改訂により、「樹立および分配」と「使用」に指針が分けられる

疫学研究に関する倫理指針（2002 年策定、2007 年改訂）

臨床研究に関する倫理指針（2003 年策定、2008 年改訂）
＊疫学研究指針との統合を検討中

ヒト幹細胞を用いる臨床研究に関する指針（2006 年策定）

ヒト iPS 細胞又はヒト組織幹細胞からの生殖細胞の作成を行う研究に関する倫理指針（2010 年策定）

ヒト受精胚の作成を行う生殖補助医療研究に関する倫理指針（2010 年策定）

再生医療安全性確保法（2013 年制定、2014 年末より施行）
＊ iPS 細胞などによる臨床試験の管理体制などについて規定。生命倫理に「配慮」と規定

倫理においては低い格付けしか与えられていない。海外では再生医療に用いる素材として臨床研究も進んでいる、胎児の組織、細胞の扱いについても同様である。

そのため、日本で法的に売買が禁止されているのは臓器および角膜と血液だけで、皮膚や心臓弁、骨などの人体組織や、次に述べる人の遺伝子、精子、卵子、胚の売買は、禁止されていない。これは大きな欠落だといえる。

脳死・臓器移植の次に議論と公的対応の対象になり、その意味で生命倫理上の格付けが高かったのは、遺伝子および個人遺伝情報である。だが、その範囲は、研究目的での遺伝子の解析と組換えに限られている（遺伝子治療も「臨床研究」という名目で認められている）。医療目的などでの疾患、障害や体質などに関する遺伝子検査や、身元や親子関係の有無などを調べるDNA鑑定については、議論もあまりされず、公的対応も行われずに、無規制のまま、民間ベースで実施が進んでいる。

また、遺伝子を扱う医療と生殖医療が交わる領域となる、胎児や受精卵の染色体や遺伝子を調べる出生前診断と着床前診断についても、公的なルールはつくられず、専門医の自主管理に任されたままである。二〇一二年に、妊婦のお腹に針を刺す従来の診断法（羊水検査）と違い、より安全かつ簡便に母体からの採血でできる「新型出生前検査」（非侵襲的出生前遺伝学的検査、NIPT）が実用化され、日本でも普及しようとした。それに対し、専門医は慎重な扱いが必要だと判断して、臨床研究という形で、学会で承認された医療機関に限定して試行することになった。その際、これまで議論が避けられてきた出生前診断の倫理的問題（障害を持って生まれる命を排除することで障害者差別を助長するなどの懸念）が、マスコミなどであらためてクローズアップされた。だが従来の羊水検査などは無規制のままで、それを改めようとする議論までは起こらなかった。

近年、生命倫理の重点は、新たに登場したクローン研究やES細胞などの発生工学・再生医学研究に移ってきた。だがそこでも、発生操作の対象になる人の生命の始まりの扱いについての議論と公的対応には、かなりいびつなところがある。法律がつくられたという点では、クローン関連研究の規制が最も厳しいといえるが、研究の現場では、一段軽い行政指針で済まされたはずのES細胞研究の規制の厳しさのほうが、目立っていた。クローン関連研究は、やろうとする者がほとんどいなかったし、法律で禁止されたのは、体細胞核移植でつくった胚（クローン胚）などを胎内に戻すことだけで、胚をつくる研究は、国に届け出るだけでできるようになっていた。それに対しES細胞研究は、行政指導指針に過ぎないが、国の審査による確認を受けるまではできないとされ、実質的には届出より重い許可制のように運用されたからである。

さらに、胚および生殖細胞（精子、卵子）については、研究目的での扱いに対してしか公的対応がない。生殖補助医療目的での扱いについては、公的ルールがつくられない状態が続いている。人の生命の萌芽とされる胚と、その元となる精子と卵子の扱いに対し、同意（取得の義務づけ）・無償（売買の禁止）・匿名（個人情報保護）という三つの基本的な倫理原則は法定化されていない。したがってこれらの倫理原則に違反しても、法的には罰せられないことになる。

最後に付け加えておくと、近年研究が進み、医療だけでなく教育などへの応用も試みられ始めた脳科学についても、守られるべき倫理の確定の重要性は再三指摘されてきたが、遺伝子のように脳の解析研究に国が指針を設ける公的対応はとられず、専門学会の自主指針に任されたままである。

欲望論からみた生命倫理の今後の課題

こうした日本の実状をみると、人の生命と身体の要素の、何をどこまで大事にしなければいけないかについて、一貫した倫理基準が定められないままに進んできたことがわかる。

新しい研究や技術が出て、何か問題が指摘されるたびに、そのつど場当たり的に対応してきた結果、同じ人間の遺伝子、精子、卵子や胚でも、研究の分野や、医療目的による利用かそうでないかによって、その扱いに公的な規範や規制があったりなかったりする。何を守りたいのか、よくわからないのである。法で売買を禁止する対象が非常に限られているのも、社会がそれを許しているからなのではなく、そこまで議論をしてこなかったからだけなのではないだろうか。それは日本の生命倫理の視野の狭さ、ひ弱さの表れだといえないだろうか。

このような倫理対応の狭さ、弱さは、本書の論旨からみれば、臓器や精子や卵子や遺伝子などを操作する先端医療による、生命と身体を巡る欲望の充足の何がどこまで許されるかという、共通の根本を問う問題の立て方をしてこなかったことからくるものと考えられる。現代人が、次々と現われる先端医療技術を前にして抱くに至った、生命と身体を巡る様々な欲望を、どこまで肯定的に見るか否定的に見るかについて、価値観を定める議論を、あらためて行う必要がある。そしてその結果に基づいて、それらの欲望の充足をどこまで認め、どのようにコントロールすべきかを考えないといけない。

そうした面倒だが重要な議論を避けていると、生命倫理といくらいってもいつまでたっても軸が定まらず腰が据わらず、結果として、次々に実用化され既成事実化される生命操作の技術を追認するだけに終わってしまうのではないだろうか。社会的に合意された価値観に基づいて個々の先端医療の評価をせずに、「有用性」のかけ声に引きずられてしまえば、倫理は追認の手続き論だけになってしまう。

それではいけないだろう。あとになって大事な何かが失われてしまったと嘆くより、いまこれでいいのかと厳しく自問自答する道を、私は選びたい。

その立場からすると、今後の課題は、大きくいって二つある。

（1）欲望の充足を適正な範囲でコントロールする原理をどう見いだすか

（2）その原理に基づき、個々の先端医療の管理にどのような姿勢で臨むか

この二つの課題に、いままでのところ世界で最も体系的な立法で対応しようとしてきたのが、フランスである。私はもう二十年以上、フランスの生命倫理に関する法と政策の研究をしてきた。そこで見えてきたことを次に述べ、日本の今後を考える参考に供したい。

フランス生命倫理法とはどのような法律か

一九九四年、フランスで、「生命倫理法」と総称される膨大な立法が行われた。

その最大の特徴は、臓器・組織・細胞、精子・卵子・胚から遺伝子までの、様々な人間の身体と生命の要素の扱いをすべて包括した、体系性にある。

その基本になるのが、先に生命倫理の全体像として59頁**図2**に示した、移植医療、生殖医療、遺伝子を扱う医療などすべての先端医療分野の研究と臨床において守られるべき共通の倫理原則の策定である。それらは、人体の不可侵、同意、無償、匿名（個人情報の保護）、種としての人の保護などからなり、民法にまとめて規定が設けられた。**表3**にその一覧を示す。そしてこれらの倫理規定の遵守を担保するために、違反に対する罰則が刑法に定められた。

民法、刑法といえば、国民の権利と義務を定め、生命や財産などに関し守られるべき基本的人権を保護する、憲法に次ぐ最も重要で基本的な法規である。生命倫理法の根幹がそこに置かれたということは、フランスが生命倫理を非常に重視していることをよく表わしている。

この民法に定められた共通の倫理原則を補完する形で、先端医療研究における対象者の保護（臨床研究の被験者の保護）と個人情報の保護を定める法令が整備された。そのうえに、移植医療・生殖医療・遺伝子関連医療など個別分野の実施規則が定められた。このようにフランスの「生命倫理法」は、共通の倫理規定と罰則を定めた《土台》、研究対象者と個人情報の保護を定めた《柱》、個別の先端医療のルールを定めた《天蓋》という、三つの層からなる構造をもっている。

表3　フランス生命倫理法の共通原則規定〈人体の人権〉一覧（民法典）

第16条（基本理念）
法は人身［＝人格 personne］の至上を保証し、その尊厳への侵害を禁じ、その生命の始まりから人の尊重を保障する。

第16条の1（人体の不可侵）
各人は自らの身体を尊重される権利を持つ。人体は不可侵である。
人体およびその要素と産物は、財産権の対象にしえない。

第16条の1の1（遺体および遺骸・遺灰の尊重）
人体の尊重は、死によっても終わらない。遺体が火葬にふされた者の遺灰を含めて、亡くなった人の遺骸は、敬意と尊厳と品位をもって扱われなければならない。

第16条の2（司法による防止）
裁判官は、死後も含めた人体への不法な侵害またはその要素・産物への不正行為を防ぎ、または差し止める措置を採ることができる。

第16条の3（同意原則）
本人の医学的必要または例外として他者の治療のためでなければ、人体の完全性への侵害はできない。事前に本人の同意を得なければならない。

第16条の4（人の種の保護）
人の種の完全性を侵害することはできない。人の選別を組織化する優生学的実践は禁止。他者と遺伝的に同一の子を生まれさせる目的の行為は禁止。遺伝病研究をのぞき、子孫を改変する人の遺伝的性質の変形はできない。

第16条の5（無償原則①）
人体またはその要素・産物に財産的価値を与える契約は無効。

第16条の6（無償原則②）
人を対象とした実験研究への参加と人体要素・産物の採取に対価は与えられない。

第16条の7（代理出産の禁止：母子身分の譲渡不能＝保護）
代理出産契約は無効。

第16条の8（匿名原則）
人体の要素・産物の提供者と受容者を特定する情報は開示できない。

第16条の9（公序指定）　以上の規定はすべて公序に関するものである。

個々の先端医療の実施細則では、土台の倫理原則をそれぞれの分野に合わせてさらに詳しく決めているが、そこでも倫理上の判断が上乗せされている。たとえば臓器提供の同意の取り方については、脳死者からは生前反対の意思表示がないことを確認できれば、本人の明示の同意は必要とされないが、生きている人からは、同意を裁判官の前などで公証しなければならず、さらにその同意が適正なものであるか（強制などが働いていないか）どうかを国の委員会が審査する、二重のチェック体制が敷かれている。生殖補助医療でも、第三者の精子、卵子、胚の提供は認められているが、提供を受けるカップルは、第三者提供により子をもうけ養育することを受け入れる旨の同意を、裁判官の前などで公証しなければならない。法的裏付けなしに、医師との間で同意を取り交わすだけの日本とは、同じ本人同意といっても、厳しさが格段に違うのである。

こうした法規制の下で、フランスでは生体移植は臓器移植全体の数％以下に抑えられている。八割から九割を生きている人からの提供に依存している日本とは好対照である。また第三者提供を伴う生殖補助医療も、やはり全体の数％程度を占めるに過ぎない。大半はカップル間での施術なのである。独身者の利用や、代理出産は禁止されている（表3、第16条の7）。臓器移植は生きている人からより死んでいる人から、生殖補助医療はカップル間で、という倫理的な選好が、法律に表わされているといえる。

さらに生命倫理法は、最初の立法の後も、次々と新たな展開を見せる先端医療の研究と臨床応用に対し、実状と問題点を把握し、必要な対応をし続けるために、二〇〇四年と二〇一一年に、全面的な見直しと改正が行われた。この二度の見直しと改正には、数年を費やして多大の労力が払われた。これも、生命倫理が非常に重視されていることの表れだといえる。

フランス生命倫理法の基本理念「人体の人権宣言」

先端医療に対し、ここまで包括的な法規制を設けることができる根拠となっているのが、〈人体の人権〉とでもいうべき、フランス独特の人権論である。それは次のような考え方だ。

すべての人が持つ生得の人権は、人の尊厳の源である人格の存在を基礎としている。人格は、人の体に宿っている。ゆえに人権は、人の体において実現しているといえる。人の体は物ではなく、人格＝人権の座なのである。したがって、たとえ元の人から完全に切り離されていても、人体とその要素に対する不当な（社会の倫理観にそぐわない）扱いは、人権ないし人の尊厳に対する侵害となりうる。

こうした論理に基づき、**表3**に示した人の生命と身体の要素の扱いに関する共通倫理原則は、民法に「人体の尊重について」という節が新設されて、そこにまとめられた。

近代法では、この世のすべては人か物に分けられる。権利の担い手、主体が人で、人でない存在はすべて権利の対象、客体である物とみなされる。だから人以外の動物も法的には物で、所有権の対象となり、自由に売買することが認められる。刑法でも動物を傷つけたり殺したりすることは、「器物損壊」として罰せられる。例外は動物保護法による規定で、そこでは動物の生命に独自の価値が認められ、虐待が罰せられる。刑法では器物損壊は他人の財産に対する罪なので、自分のペットを傷つけたり殺したりしても、罪には問われない。しかし動物保護法では、自分のペットでも虐待したら罪に問われる。そこが、物扱いするかそうでないかの、大きな違いである。つまり動物保護法は、動物を単なる物扱いしない点で、近代法の人／物二元論の体系に、革新をもたらす性格を持っているのである。ちなみに日本にも動物保護法はあって（「動物の愛護及び管理に関する法律」）、刑法の器物損壊とは別に、動物虐待を罰する規定を備えている。

それと同じように、人の生命と身体の要素に、人そのものではないが、単に物扱いしてもいけない、人でも物でもない第三のカテゴリーとして独自の地位を与える法の革新を行ったところに、フランス生命倫理法の重要な意義がある。近代の人権を拓いたフランス革命における「人および市民の権利宣言」になぞらえて、フランス生命倫理法は「人体の人権宣言」をした、といってもいいのではないだろうか。

この「人体の人権」をさらに補強するため、人体の尊重は人の死後にも続くという規定が、二〇〇八年末に新たに追加された（**表3**、第16条の1の1）。これは実は生命倫理ではなく、葬送に関する現代風俗の変化に対応するための法改正だったのだが、それについて詳しくは別稿に譲りたい（槇島次郎「国家と葬送の関わり」NPO法人葬送の自由をすすめる会『そうそう』第5号、二〇一四年九月）。ただ立法目的のいかんに関わらず、いったん法律になれば、この規定は生命倫理上の問題にも適用される。

実際にこの新設の規定がさっそく倫理上の問題に適用されたのが、保存遺体の展覧会の差し止め訴訟のケースである。日本では「人体の不思議展」という名前で、二〇〇二年から二〇一一年にかけて全国各地で開催されたので、ご存知の方も多いだろう。本物の遺体を、皮をはぎ取って骨や肉をむき出しにし、臓器なども見える状態にして、プラスティネーションという特殊な保存加工を施して展示するもので、フランスでは二〇〇八年から二〇〇九年にかけて、リヨン、マルセイユ、パリで開催された（当地での呼び名は「私たちのボディ、開かれた肉体」）。この人体展に対し、人権団体が、人の遺骸を興行目的で展示することは人の尊厳に反する、さらに遺骸になった本人は生前そうした利用に同意していたかどうか不明であるなどの問題点を指摘し、同展の差し止めを求める訴訟を起こした。二〇〇九年四月、二審の判決で裁判所は、差し止めの訴えを認め、同展は中止を余儀なくされた。この判決の根拠の一つになったのが、人体の尊重は死後にも続くとした、民法の人体の人権の最新規定だったのである。

ちなみに日本でも、同じく人体展の差し止めを求めて、二〇一一年から一二年にかけて市民団体による訴訟の提起がなされたが、フランスと違って明確な法的根拠に乏しく、刑事告発は受理されず、民事訴訟も一審では却下された（詳しくは末永恵子『死体は見世物か』大月書店、二〇一二年参照）。

〈人体の人権〉に基づく生命倫理とは〜米国へのアンチテーゼ

生命倫理法に話を戻すと、人体を人権の座として尊重するこの法理から、二つの倫理原則が導かれる。

第一に、人体は不可侵である。本人の医療上の必要または法で認められた行為（たとえば臨床研究）によって、および例外として他者の医療上の必要（臓器提供など）によってしか、人体への侵襲は行えない。

第二に、人体の自由な処分は制限される。切り離された人体の一部でもあくまで人の一部で、人の尊厳が及ぶのであれば、それは単なる物ではない。物であれば本人または所有者が自由に処分でき、売買もできるが、人の一部であれば、人身売買が許されないように、売買は許されない。不可侵原則では個々人の権利が守られているが、処分不能原則では、個々人の権利が制限されていることになる。

こうした法理によって、先端医療で用いられる、人の体から切り離され体外に存在する臓器、組織、細胞、精子、卵子、胚、遺伝子などすべての人の生命と身体の要素が、売買を禁止されているのである。日本ではこうした土台になる倫理原則がなく、法で売買が禁止される対象が狭く限られているのと好対照である。

〈人体の人権〉論は、個々人の自由と権利を第一とする米国式の人権観に対し、公共の秩序を重視するヨーロッパ式の人権観に基づいている。社会全体がおさまっていなければ、個々人の自由と権利は守られないという考え方である。個人がまずあり、その権利と自由を守るために社会をつくった米国の理念と異なり、まず社会があって、個人はその一員として生まれてくるというのがヨーロッパ式人権観の根底にある考え方だろう。

もちろんこの二つの人権観は、どちらが正しいというものではない。どちらも人と社会の関係のそれぞれの一面を表わしている。ただ実際の選択（ここでは先端医療はどこまで認めていいかという倫理の選択）をする場合に、どちらに重きを置くかで、結果は変わってくるということだ。

フランスで、先端医療を規制する生命倫理法の拠って立つべき理念を最初に提示した政府機関の報告書は、人の体は公の秩序の礎である人権が実現している場であり、それはその人本人からも守られなければならない、としている。各自が勝手に自らの体を好きにするのを放置すれば、人の尊厳が損なわれ、世の中全体の秩序が損なわれる、それは防がなければならない、という考え方である。また、様々な理由で他者の管理下に置かれた人が、同意を強要され、人権を侵害される事態も防がなければならない。「同意はすべてを正当化しない」のである（Conseil d'Etat "De l'éthique au droit", Documentation française, 1988, p40）。

このように、フランスは、生命倫理に関して米国式の個人主義・自由主義を採らないと宣言した。本書の論旨からすれば、生命と身体を巡る欲望の充足をコントロールする原理として、人体に公共の秩序が体現されているという人権論を持ち出したのだということができる。

人権の拡張の歴史を背景にした、欲望の抑制の原理

こうしたフランスの生命倫理の理念は、フランスだけの特殊なものなのだろうか、それとも、ほかの国や社会でも採用できる普遍性を持っているだろうか。

人体の人権論を、近代社会における人権の歴史のなかに置いてみれば、そこには一定の普遍性があることが理解できると私は考える。

西洋社会に始まった近代の人権の実現は、実態としては、当初、白人・有産階級・成人男子に限られていたが、やがて無産階級、女性、非白人（植民地人）、未成年者に広げられていくという展開を遂げてきた。それを理念として表現すれば、人権は、一八世紀末にまず政治的・経済的存在としての人の権利（不当な逮捕や拘禁などからの人身の自由、選挙権＝参政権、私的所有権と契約の自由）の実現と保護から始まり、一九世紀半ばからは社会的存在としての人の権利（生活権や労働権など）の実現と保護に広がった。

そうした人権の進展が、二〇世紀後半からは、生物学的存在としての人の権利の実現と保護に広がっていったとみることができる。生命科学・医学が、生物学的存在としての人に深く介入するようになったからである。そこには人体とその一部への介入だけでなく、次世代の創出に関わる、生殖や遺伝子への介入からの保護も含まれる。優生学への反省などから、個々人だけでなく、「種としての人」も保護の対象と捉えられるに至った。この生物学的存在としての人の権利が、〈人体の人権〉にほかならない。

つまり、急速に発達する生命科学・医学に支えられた先端医療を規制する倫理の検討は、近代の人権拡張の歴史の一環を成すのである。生命倫理学において、「人格 person」の範囲については論議があるが、少なくとも「インフォームド・コンセント」という概念が想定しているのは、第一に同意能力のある成人である。それが、実際の医療や研究の場で、同意能力のない成人や未成年者の扱いに直面し、否応なく人格の概念も広がらざるをえなくなる。その延長に、やはり自らは同意能力のない、胎児や（脳）死者の問題も出てくる。

これがさらに人の生命と身体の要素の扱いの問題につながる。人格ないし人の尊厳は、どこまで及ぶか。第一に、生きている人の身体に及ぶことはもちろんである。では、脳死状態の人や死者の身体はどうだろうか。さらに、そこから切り離された臓器、組織、細胞、胚や遺伝子にはどうだろうか。そうした人の生命と身体の要素すべてに、人の尊厳を一部認め、人体要素の利用に歯止めをかけようというのが、人体の人権論であった。いいかえれば、フランスの人体の人権論は、近代の人権概念の拡張の歴史の、最前線の一つとみることができる。

政治的存在としての人、経済的存在としての人、社会的存在としての人の権利の確定と保護が二〇世紀後半までの人権の歴史だった。そこに、二〇世紀末から二一世紀にかけて、新たに生物学的存在としての人の権利の確定と保護が課題になった。生命倫理という言葉は、そこで生まれた。この事態を指して、先にふれたフランス政府機関の報告書は、「血と肉において人を守らなければならなくなった」と述べている。それはフランスだけでなく、人類共通の課題であり、その限りで、人体の人権論（を生命と身体を巡る欲望のコントロールの原理とすること）も、普遍的な意義を持つといえるのではないだろうか。

日本でも、みてきたようなパッチワーク状態を克服しようとして、昨今、「生命倫理基本法」を制定する必要があるという議論が出てきている。フランスの生命倫理法の理念的根拠となっている人体の人権論は、日本でも、「生命倫理基本法」の制定根拠として、検討すべき価値があるのではないかと私は考える。

危機管理としての生命倫理

もう一つ、先に79頁で述べた第二の問題、つまり策定された欲望のコントロールの原理に基づき、個々の先端医療の管理にどのような姿勢で臨むかという課題について、フランスのやり方をみておこう。

人体の人権論に基づき、公の秩序の名の下に生命と身体を巡る個人の自由と権利を制限するといっても、それは、たとえばカトリック教会が体外受精や人工授精をすべて否定するような、医療技術の極端な抑制につながるのではない。フランスでは先端医療は基本的によく受容されており、政府も推進する姿勢を採っている。その点では生命倫理法は、人体や生命の要素の売買禁止や、生体移植の抑制や代理出産の禁止など、倫理的に受け入れられない部分を確定することで、先端医療を適正に進める土俵をつくろうとしているものとみることができる。

そして決められた範囲を逸脱する違反に対しては、刑事罰も設けられているが、実際に起訴される例はほとんどない。フランスでは、先端医療の規制は、刑罰ではなく、行政管理に拠って行われている。それがフランス生命倫理法の、もう一つの特徴である。

具体的には、先端医療ごとに実施機関を国の許可制ないし届出制とし、毎年の報告と五年ごとの更新審査を課すことで、どこで誰が何をどれくらいやっているか把握できる仕組みが採られている。倫理的に懸念される性格が強い先端医療・研究（たとえば胚を壊してＥＳ細胞をつくる研究）に対しては、一件ごとの実施に事前の審査を課す許可制も敷かれている。不適正な行為については該当施設に対し行政官が立ち入り調査と指導をでき、それでも是正されない場合は実施許可の停止や取り消しを課すことができる。個々の実施者にまでライセンス制を課している分野もある。

この膨大な行政事務をこなすため、二〇〇四年に、それまであちこちの部署に分かれていた所管を統合して、独立の専門機関がつくられた（Agence de la biomédecine、「先端医療庁」と訳すのが適当だと思われる）。その職掌範囲を次に挙げておく。先端医療全般にいかに公的な目を届かせようとしているかが、よくわかる。

《フランス先端医療庁の所管事務一覧》

・個々の実施の許可

胚およびＥＳ細胞を用いる研究、胚およびＥＳ細胞の研究目的での輸出入

精子・卵子・胚の（生殖補助医療目的での）輸出入
着床前診断
・実施施設の許可
研究用ES細胞の保存
出生前・着床前診断
臓器移植および特定の組織移植・細胞治療＊
生殖補助医療全般＊
［＊＝同庁の審査に基づき、国が定める基準により地域保健当局が許可］
・実施者の認可
生殖補助医療の臨床およびラボでの生物学的操作
出生前診断と着床前診断
医療目的での遺伝子検査とDNA鑑定
・政策の実行と評価
臓器、組織、細胞、精子と卵子の第三者への提供の広報
臓器および卵子の提供者の健康状態の追跡、提供が健康にもたらす結果の評価
移植待機患者リストの管理、臓器の配分の公平性の確保
骨髄など造血幹細胞を非血縁者に提供する者の情報管理と国際登録への対応

おそらく日本では、ここまでの行政管理は過剰な規制だと忌避されるだろう。確かにお役所仕事で研究者や医療者は大きな負担を強いられる。それをおしてこうした法規制が導入されたのは、フランスでよほど大きな過失やスキャンダルがあったからではないかと、日本の感覚では思われるに違いない。だが事実はそうではない。生命倫理法の多くの部分は、実際に不適正な事例が、国外では起こっていても、フランス国内では起こっていないうちにつくられている。その点でフランス生命倫理法は、予防的な立法だとみることができる。

そのような予防的な立法ができるのは、フランスが、生命倫理を、価値観や道徳の問題というよりは、危機管理の問題だと捉えているからだと考えられる。それは、倫理の筋道を立てて人の尊厳や人権を保護しながら、先端医療の研究と臨床を適正に進めることが、国民の利益のために政府に課された責務だと捉えられているということを意味する。必要十分で的確な危機管理を行うことは、そうした公的な責務を果たすために、公権力を執行する責任者に求められる基本姿勢だからである。

危機管理は、最悪事態原則と予防原則という、二つの原則に基づいて行われる。考えられる最悪の事態が起こることを想定し、それが起こった場合の対処を決めておくだけでなく、そうした事態が起こらないように予防する手だてをとる、ということである。たとえば生命倫理法改正の一環で、二〇〇四年に、遺伝情報に基づく雇用、昇進、保険加入や保険料の設定などにおける差別を禁止する規定が労働法、保険法、刑法などに設けられたが、そうした差別の例が国内であったとはいわれていない。あくまで、遺伝子検査の普及がそうした最悪事態を起こしうるという想定の下で、それを予防する手だてとして立法が行われたのである。

このようにフランス生命倫理法は、予防原則に基づいてつくられている面がある。そのことをよく示す最近の興味深い例を挙げて、本章の議論を締めくくろう。

脳画像技術に法規制~脳の臨床と研究へのフランスの対応

二〇一一年七月、フランスで、ＭＲＩなどによる脳画像技術の実施に規制を加える法律が成立し、公布された。先にふれた、生命倫理法の二度目の抜本改正の一環で、先端医療・研究のほとんどすべてを管理する、世界で最も包括的な法体系が、ついに脳科学にまでその対象を広げることになったのである。

脳科学に対しては、二〇〇二年頃から米国を中心に、その倫理的・法的問題を検討する「ニューロエシックス」という分野が生まれていた。そこでは、脳科学が、人の自由意志やプライバシーを脅かしかねない形で乱用される危険を考える議論は盛んに行われてきたが、立法まで求めるには至っていなかった。それに対し、ニューロエシックスの議論では後塵を拝していたフランスが、おそらく世界で初めて、脳科学に対する法規制を実現することになったのは、非常に興味深い。

ただその内容はあまり厳しいものではなく、以下の三点に絞られている。

（1）〈目的の限定〉脳画像技術は、医療または科学研究目的か、司法上の鑑定の範囲でしか、用いることはできない。
（2）〈同意取得の義務づけ〉脳画像技術を用いる際には、その性格と目的を説明し、理解を得たうえでの同意を、対象となる本人から書面で得なければならない。
（3）〈政府による指針の制定〉医療目的で行われる脳画像技術の実施指針を、保健大臣令で定める。

政府や議会の報告書などをみると、フランスがこの法規制に乗り出した背景には、海外で脳画像技術が本来の医科学上の目的を超えて使われるようになったことがある。米国で、ある人が嘘をついているかどうか見極めるために脳画像技術を提供する会社が出てきたり、インドで、被告を有罪にする証拠として脳画像結果が用いられる判決が出たりしたことが、最も問題視された。また保険会社や雇用主などに利用された場合の、潜在的な人権侵害のリスクも指摘されている。だがフランスでは、米国やインドでのような実例は出ていなかった。したがって、きわめて予防的な立法だといえる。

立法の理由を論じた議会報告書は、脳は個人のアイデンティティの座であるとともに、種としての人の統一性の源でもある、と述べている。したがって、個々人の保護だけでなく、社会全体の利益として、種としての人を保護するためにも、脳の中身に介入する画像技術の利用は規制されなければならない、というのである。

この、個人のものであると同時に人類全体のものでもあるという脳の理念的価値付けは、フランス生命倫理法において、ヒトゲノムに与えられていた価値付けのしかたと、まったく同じものである。さらにその価値付けを根拠として、目的を限定し同意取得を義務づけるという規制は、生命倫理法により、遺伝子検査とＤＮＡ鑑定に対して設けられていた法規定と、まったく同じ内容である。脳画像の解析結果は医学的に不確実なことが多いという懸念から、保健省が実施指針を定めるとされたのも、遺伝子検査・ＤＮＡ鑑定と同じ扱いである。

だが、目的限定と同意取得義務に違反した場合の罰則は、遺伝子検査やＤＮＡ鑑定については刑法に規定が設けられた（拘禁一年、罰金一万五千ユーロ）のに対し、新設された脳画像技術規制の条文には、刑事罰は設けられなかった。違反しても、罰則はない。その点では、脳の中身を探ることは、ＤＮＡ解析以下の重要度（危険度？）しか与えられなかったといえる。

さらに、生命倫理法の一大特徴を成す、生命と身体の要素の利用に対する包括的な管理規定においても、画像情報ではない、人体組織としての脳の扱いに関しては、何の規定も設けられていない。生命倫理法では、臓器の扱いに対する規制のほうが、骨や皮膚などの人体組織や細胞の扱いに対する規制より厳しいが、脳は臓器としての指定すらされていない。様々な異質の部分からなる複合組織である顔面の移植に対しては、組織移植より厳しい臓器移植の規制を課すことと定められているのに、脳には、実際に移植が想定されていないからか（ただし過去に胎児の脳組織の移植をパーキンソン病などの治療のために行う例はあった）、そうした格付けの指定は行われていない。

医療や研究目的で脳を利用することには、ほかの人体組織一般と同じ規制しかない。その点で脳には、特別の価値付けは与えられていないのである。

このように、フランス生命倫理法のなかで脳は、DNAに準じた、ある面ではそれ以下の位置付けでしかない。ゲノムは生命の設計図だといっても、それを構成する遺伝子配列の多くは、ほかの生物と共通のものである。よくいわれるように、人類と近縁のチンパンジーに至っては、ゲノムのDNA配列の九九%前後がヒトと共通しているという。それに対してヒトの脳は、ほかの生物にはない、人間の本質を担う座であるとされているにもかかわらず、それに見合った特権的位置付けは、少なくともフランス生命倫理法においては、なされていない。

このフランス生命倫理法の新動向について、脳画像技術の利用に法規制までする必要はないのではないかと、日本では疑問視されることだろう。本書の論旨からすれば、これは生命と身体を巡る欲望というよりは、科学する欲望のコントロールを目指した対応だといえるかもしれない。

私は、このフランスの立法から考えるべき問題は、脳科学研究に対する法規制の是非よりも、そこで脳に与えられた位置付けにあると考える。人の尊厳や人権に関わる問題として、脳の中身を覗くことが、DNAの塩基配列を調べることと同じ程度の重みしかないという価値付けは、はたして妥当だろうか。

DNAの配列は、病気や障害だけでなく、肥満などの体質や性向も左右する、重要なものだと受けとめている向きも多いだろう。DNA情報サービスが盛んになった最近では、なおさらのことである。だが、生物学的には、DNA配列が規定しているのは、タンパク質を構成するアミノ酸の一次配列である。順番に並んだアミノ酸が折り畳まれて、三次元の立体構造をとってはじめて、タンパク質は生命現象を担う重要な機能を果たすことができる。その折り畳まれる過程をコントロールするDNA配列も一部あるようだが、それだけでなく、その時々の細胞内外のほかの生化学的な要因に左右される面も大きいらしい。先ほどヒトとチンパンジーのDNAの配列の違いは一%前後だと述べたが、タンパク質レベルでの違いはそれよりもずっと大きいという研究報告もある。だから、遺伝子がすべてを決めているわけではない、といわれるのである。

DNA配列に示された遺伝子型に対し、病気や体質など実際に現われた形態や状態を表現型というが、遺伝子型がどのように表現型に結びつくか、解明されていることはそう多くない。○○の遺伝子発見というニュースを今もよく見るが、それは、○○の表現型を示す人の遺伝子型にはこういうものが多い、という結果をいっているだけで、なぜその遺伝子型が○○という表現型につながるのか、その仕組みまでが解明されたわけでは必ずしもない。

実は脳画像研究についても、同じことがいえる。たとえば、人が嘘をつくと、脳のこの部位が活性化する、あるいは活動が低下することが脳画像研究の結果わかった、というようなことがいわれる。だがそこでは、「嘘をつく」という行動の発現と、脳のある部位の血流などが周りと比べると相対的に増減していることとの間に相関関係があるのは示せても、なぜ脳のその部位の活動が高まるか低まると、嘘をつくという行動が引き起こされるのか、その仕組みの解明までは示せていないことがほとんどである。

だから科学的な意味付けとしては、ＤＮＡ配列の解析と脳の活動を覗く画像研究は、どちらもいい勝負で、どちらのほうがより重い意味を人の尊厳や人権に対して持つとはいえないかもしれない。だが、それぞれの研究を進めて行くことによって、仕組みの解明までなされたとしたら、より人の本質、人の尊厳に関わる結果が出てくるのはどちらかといえば、それはやはり脳の画像研究なのではないだろうか。

ＤＮＡの配列を調べることと、脳の活動を覗くことが、同じ重み付けでいいといえるか、生物学的・哲学的に、さらに議論されて然るべきだろう。そのなかで、いまの脳画像技術で何がわかるかについて、科学的にもっと深い検討が求められるところである。

ここには、本章でみてきた生命倫理と、第１章でみてきた研究倫理の接点があるといえる。次に第３章で、この点についてさらに実例を取り上げて考えてみよう。

第3章　研究倫理の応用問題

～再生医学、人工生命研究から宇宙での研究まで

iPS細胞の登場〜当初からあった懸念

二〇一四年九月、iPS細胞を用いた再生医療の世界初の臨床研究第一例が、神戸の先端医療センター病院で行われた。対象となったのは、「加齢黄斑変性」という、眼の網膜が損なわれて視力が低下し、重症になると失明につながる疾患である。第一例の被験者は七〇代の女性で、患者自身の皮膚から採った細胞でiPS細胞をつくり、網膜の細胞に分化させてシート上に培養し、病気で傷んだ部分に代えて移植するという方法が試された。一年の経過観察を経て、安全性が評価されるという。

初めてiPS細胞がマウスで樹立されたのは二〇〇六年、ヒトでもできることが証明されたのが二〇〇七年なので、わずか七、八年で、実際に患者に試す臨床応用の試験が開始されたことになる。ノーベル賞の受賞も二〇一二年と、異例に早かった。この急速な展開をどうみるべきか、まず、最初の研究発表に遡って、考えてみたい。

山中伸弥教授が、皮膚の細胞（繊維芽細胞）を、わずか四つの遺伝子を加えるだけで、体中のあらゆる細胞に分化する能力を持った幹細胞に変えることができたとの論文を、一流専門誌『セル』に発表したのは、二〇〇六年八月のことだった。これは、のちにノーベル賞受賞の理由にもなったとおり、一度分化した細胞は二度とほかのものにはなれないという生物学の常識を覆す、偉大な科学的業績だった。

私たちの体を構成するどの細胞の中にも、遺伝子のすべて（＝ゲノム）が入っている。だが一度皮膚になった細胞は、もう二度とほかの部分の細胞、たとえば肝臓の細胞になることはない。個々の細胞は、体中を構成できるすべての遺伝子を持っているのに、どうして他の種類の細胞になることはないのか。逆にいえば、どのようにしてたった一個の受精卵という細胞から、多種多様な細胞が過不足なく生じて、一個の体が出来上がり、保たれるのか。これは発生と分化という、生物の最も基本的な仕組みに関わる未解明の謎である。

皮膚になった細胞の核の中にあるゲノムを、ほかのあらゆる細胞に再分化しうる状態にリセット（リプログラム）できたというｉＰＳ細胞研究は、この生物の大きな謎の解明に寄与することが期待できる成果である。その点では、ネズミだけでなくヒトでも同じことができるのを示したことは、有意義ではあるが、マウスでの成果を追試しただけという見方もできる。科学としては、二〇〇六年のマウスでの論文が、最も重要な業績なのである。

しかし、社会の受け取り方は、そうではなかった。二〇〇六年のマウスでの論文発表は、報道はされたが、さほど大きな話題にはならなかった。翌年のヒトでの成功発表のときにはじめて、ｉＰＳ細胞は社会の注目を浴びるようになった。再生医療に役立つと期待されたからである。

日本で政府がｉＰＳ細胞研究に多大な予算をつけて重点的な支援を行うようになったのも、ヒトでの成功を受けてからのことだった。マウス論文発表の際は、特段の支援強化はなされなかったようである。それに対しヒトでの論文が発表されると、すぐに政府は支援強化にのり出すことを表明した。異例な早さだった。

しかし先にも述べたように、この研究の科学としての真価は、一年以上前のマウスでの樹立の際にすでに明らかになっていたのである。そのときでなく、次のヒトでのいわば「追試」の後になって、やっと国の評価が定まったというのは、単に施策の時期が遅れたとか、先見性がなかったというだけの問題ではない（もちろんそれも見過ごされてはならないが）。ヒトで成功してみせなくては大きな支援が得られないというのは、研究が、生命の基本を解明する科学としてではなく、治療法の開発に役立つ技術としてしか評価されないということである。それは適切な科学政策といえるだろうか。

海外でも、ヒトでの論文発表に続いてすぐ、早くも米国などの研究グループから、治療に向けた応用研究を行ったとの論文が発表された。ある血液の病気にかかるようにしたマウスの尾から細胞を採ってiPS細胞をつくり、その病気の原因となっている遺伝子を正常なものに組換えて血液細胞に分化させ、元のマウスに戻したら、病気を治せたというのである。恐るべき研究開発競争のスピードである。

だが、そのように治療法としての開発にばかり研究者の精力と社会の関心が注がれると、iPS細胞の、発生と分化を解明する科学面での意義が、追求されないままに進んでしまうのではないか。私は当初からそう危惧していた。

事実その後、二〇一四年に臨床試験第一例が始まったときも、山中教授の四つの遺伝子を加える方式で、なぜ皮膚の細胞をリセットでき多能性を持つ細胞に変えられるのか、その仕組みは依然わかっていないままである。

リセットした細胞をどうすれば医療に役立たせられるかばかりが追求され、なぜリセットできるのかの解明がなおざりにされてしまうことを、私は恐れる。研究の技術としての価値だけが求められ支援される一方で、科学としての価値が顧みられず十分な支援が受けられないようでは、いけないと思うのである。現世利益を求める欲望の充足につながる面ばかりが追求され、科学する欲望の充足につながる面が評価されないようでは、よい科学を育てることはできないのではないだろうか。第1章（49－50頁）で述べた日本の科学政策の矛盾、すなわち理念の欠如が、そこに現われている。よい科学が育たなければ、ひいては技術の発展の基礎も脅かされることになるだろう。

発生と分化の基礎を解明する生命科学研究としては、ヒトを実験対象にする科学的必要性と妥当性はあまりない。むしろ人では制約がありすぎて、研究が進まないことも考えられる。しかしｉＰＳ細胞研究については、そうした科学的必要性と妥当性の面からの研究の方向の批判的検討が、十分になされていないように思われる。それは、ｉＰＳ細胞研究が当初から、科学的意義よりも、再生医療への応用が期待される技術の面でしか評価されてこなかったからではないかと私は考える。

iPS細胞研究でも、基礎研究も重要だとくり返し表明はされてきた。だが、そこでいう「基礎研究」とは、技術開発のための基礎の研究という意味合いであって、純粋な科学としての研究という面はあまり感じられない。はたして実際に生物学の基礎研究が十分にできるだけの体制整備と支援がなされているか、研究者の間だけでなく、科学研究のパトロンである納税者、市民の側からも、批判的な検討がなされるべきだ。国策として重視され、臨床試験が始まった今こそ、そうした社会に開かれた相互批判の必要性は、いっそう高まっていると考えるべきではないだろうか。

iPS細胞ノーベル賞受賞をどう受けとめるべきか

iPS細胞研究が、病気やけがで機能を失った臓器や組織（骨や神経など）を修復する再生医療に道を開く切り札となるとの期待は、ノーベル賞の受賞でいっそう高まって、今日に至っている。

二〇一二年十月、その年度のノーベル医学生理学賞が、山中教授に授与されると発表された。前年の大震災と原発事故以来、暗い話題の多かった日本で、このニュースは久しぶりに明るい話題として大歓迎された。

独創的な研究が日本人の手によってなされ、国際的に認められたのは喜ばしいことである。しかし、iPS細胞研究がノーベル賞を授与されたのは、再生医療に役立つとされたからではない。生物学の研究としての意義を認められてのことだ。研究倫理の面でも生命倫理の面でも、その点を正しく理解することが重要である。

山中氏の受賞には、共同受賞者がいた。英国の発生生物学者、ジョン・B・ガードン氏である。ガードン氏は一九六二年に、オタマジャクシの腸の細胞の核を未受精卵に移植して、新たにオタマジャクシにまで発生させる研究で科学史に名を残した学者だ。つまりカエルのクローン（細胞を提供した元の個体と同じDNAセットを持つ個体）をつくるのに世界で初めて成功したのである。その研究が今回の受賞理由になった。身体の一部に分化した細胞核のゲノム（ある生物のDNA総体）を、もう一度新たな個体に育つことができる状態に戻せたことが、生物学上の一大成果と認められたのである。そこが、やはり体細胞核のゲノムをリセットできたiPS細胞研究との、共通点である。

つまり山中氏とガードン氏の研究はどちらも、遺伝因子の付加または細胞核の卵子への移植によって、いったん皮膚や腸などになった細胞はもうほかのものにはなれないというそれまでの定説を覆し、ふたたび体中の細胞になりうる状態にしてみせた。この、生物の発生と分化の時計の針をゼロ（のように見える状態）に戻せることを示した研究成果に対し、ノーベル賞が与えられた。ノーベル賞委員会が発表した授賞理由にあるように、生体組織がどのように出来上がるのかについての理解を革新し、生物学の教科書を書き換えた業績だと認められたのである。

このノーベル賞授与が、再生医療への応用研究としての意義も認めてのことだったとするなら、カエルでなく哺乳類で、世界で初めてクローン動物の産生を成功させた、クローン羊ドリーの生みの親である英国のイアン・ウィルムット氏も共同受賞者に入れられていたはずである。人への応用に向けたステップとしては、哺乳類での成果が不可欠だからである。ノーベル賞では一つのテーマで三人まで共同受賞できる。だがウィルムット氏は受賞者にはならなかった。その点からみても、iPS細胞研究の受賞は、医療への応用ではなく、基礎科学としての意義が評価されてのものだということがわかる。

さらにいえば、山中氏がiPS細胞研究でノーベル賞を受賞できたのは、動物での基礎研究で、世界で初めて樹立に成功した成果が認められたからである。ヒトでのiPS細胞の樹立では、山中氏らの論文とほぼ同時に、米国のグループが別個に成功したとの論文も発表されていた。つまりヒトでの研究では「同着」だったのだが、そのグループからは受賞者は出なかった。先に述べたように、科学としては、前年のマウスでの業績が肝腎だからである。

二つの不正事件

にもかかわらず、山中氏のノーベル賞受賞が、iPS細胞の臨床応用を加速することを正当化する根拠にされてしまうとすれば、それは問題だといわざるをえない。

iPS細胞は、遺伝子組換えで人工的につくられた、自然界には存在しないものである。その正体は依然、解明されているとはいえない。そういう人の手で生み出したよくわからないものを、患者の身体に入れることが許されるには、安全性と有効性について相当の確証が必要だ。それなしに性急に臨床応用することは、厳に慎まなければならない。

だが社会の期待は、そうした医学が守るべき慎重な姿勢を踏み外させかねない勢いを持つ。二〇一二年十月、日本中が山中氏のノーベル賞受賞の報で沸くなか、日をおかずに、iPS細胞から心筋細胞をつくって患者に移植する世界初の臨床試験を、日本人研究者が米国で行ったという報道が流れた。当初は、人への応用研究がもうそこまで進んでいるとは驚きだが、ノーベル賞をもらうくらいの研究だからありうるか、と受け取られた。しかし一両日のうちに、研究者による虚偽の発表だった、少なくとも実施の事実は確認できない、という顛末になった。

ここで思い浮かぶのは、iPS細胞研究とノーベル賞を共同受賞したクローン作成研究を、人に応用した論文のねつ造事件である。体細胞核移植によって、世界で初めて人のクローン胚（元の細胞の主と同じDNAセットを持つ受精卵のようなもので、子宮に戻せばクローン人間が産まれる）の作成に成功したとの論文を、韓国の有名な獣医学者が二〇〇四年に一流科学誌に発表した。だが翌二〇〇五年、実験データをねつ造した虚偽の論文だったことが判明し、国際的な一大スキャンダルになった。

当時はまだiPS細胞はこの世になく、再生医療に用いるために、患者から体中の細胞になれる自前の（つまり拒絶反応を起こさず免疫抑制を必要としない）幹細胞をつくるには、核移植によりクローン胚をつくって、そこから胚性幹細胞（ES細胞）をつくり、それを必要な細胞・組織に分化させ培養するしかないと考えられていた。世界中の研究機関が、このクローン胚からのES細胞作成を目指して激しく競争していたなかで、国から多大な支援を受けていた研究者が功を焦って、不正を行ってしまったのである。不正を犯した研究者が悪いのはもちろんだが、当時韓国で、この研究者に対する科学界や社会の期待は非常に高く、それに早く応えなければならないという圧力が背景にあったことは間違いない。ちなみにこの論文ねつ造は、序章で述べたSTAP細胞論文ねつ造と並んで、「科学研究の世界三大不正」に数えられるようになっている（ちなみにもう一つは、二〇〇二年に発覚した、米国のベル研究所の研究者による、超伝導研究に関する不正である）。

「iPS細胞を用いた世界初の臨床試験」の虚偽発表も、当事者の罪が第一に問われるのは当然だが、再生医療に関して、それに乗じて不正をしようとする者を生み出してしまうような素地が、社会に充満していたことが背景になっていたのは否めない。性急な成果を望む関係各界に対する警告だと受けとめるべきだった。

だが、それからわずか一年半後に、STAP細胞研究の論文ねつ造が起こり、研究不正がくり返されてしまった。iPS細胞による心筋臨床応用の虚偽発表は、無名に近い一個人が記者に話しただけで、論文はおろか学会発表もなかった。一流誌『ネイチャー』に論文が出て、著者に著名研究者が名を連ね、所属機関の理研が組織を挙げて広報したSTAP細胞論文ねつ造とは、格が大きく違うので、同列に論じるのは適当でないかもしれない。しかし、再生医療への期待の過熱という共通の流れのなかで起こったこととして、記憶に留めておく必要はあるだろう。

iPS細胞研究に何を期待すべきか

iPS細胞研究は、それ以前に積み重ねられてきたES細胞研究の知見を出発点にしている。ES細胞は、体中の細胞に分化できる能力（多能性）と、もう一つ重要な、同じ状態でほぼ永続的に増え続けてくれる自己増殖性という、二つの独特の性質を持っている。そのES細胞では、ほかの普通の細胞と比べ、二百余の遺伝子が特別に働いていることがわかっていた。山中氏らは、その二百余の遺伝子のなかに、皮膚などの体細胞では失われた多能性と自己増殖性を司る因子があるのではないかと考えた。そこで、ES細胞と同等の働きを持つ細胞にするために最小限どの遺伝子が必要かを絞り込む実験を根気よく続け、「山中因子」と呼ばれる四つのセットにたどり着いたのである。

したがってES細胞研究は、iPS細胞による発生・再生研究の道を開く基礎になった重要な成果なのだが、それを初めてヒトの受精卵からつくることに成功した米国の研究者らは、ノーベル賞を受賞しなかった。ES細胞作成は、体細胞のゲノムのリセットではない（もともと受精卵の細胞だから体中の細胞に育つ素地はもっている）からだが、人の生命の始まりである受精卵を壊さなければつくれないという倫理的問題があるから、受賞候補になりにくいのではないかとも推測されている。この点は、節を改めてまた詳しく論じよう。

先にも述べたように、iPS細胞研究は、受精してできた一つの細胞から、どのように体中の組織が発生し分化するのかという、生物の最も基本的な仕組みを解明する糸口になりうる。その点で、生命科学の世紀といわれる二一世紀にふさわしい画期的な研究なのである。なぜ山中因子を加えると細胞のDNAはリセットされるのか。それが解明されるとき、私たちは生命の不思議にまた一歩深く迫ることができるだろう。臨床応用を急ぐあまり基礎研究をおろそかにして、そのような科学のもたらしうる成果を手に入れ損なうことになったら、大きな損失である。そうならないよう、iPS細胞研究に対しては、再生医療への応用だけでなく、生物学的基礎の解明も、同じくらい熱く期待したいものである。

再生医療の今後のあり方

iPS細胞には、受精卵を壊さずに同じようなものをつくれる点で、それまで再生医療が抱えていた大きな倫理問題を回避できるという利点もあった。だが倫理問題がほとんどないからといって、科学的・医学的な安全性と有効性の検証という壁を早々に越えていい理由にはならないだろう。

iPS細胞が再生医療に役立つかどうかは、まだわからない。これからの研究次第である。そこで気になるのは、臨床研究第一例が行われたときの社会の受けとめ方だ。

この臨床研究を主幹する高橋政代氏が再三コメントしていたように、今回のケースはまだ「研究」であって、治療効果ではなく、安全性を数年にわたって経過観察して確かめるのが目的である。今後、対象患者を徐々に増やしてそうした安全性の試験を積み重ねていく必要があるが、その最終的な結果次第では、医療としては成り立ちえないということもありうる。「臨床研究」とは、そういうことなのである。

にもかかわらず報道などでは、「治療がスタート」「手術成功」といった見出しが躍って、あたかもこれがもう医療として認められたかのような受けとめ方だった。これは非常に問題だ。研究と医療を峻別するのが、現代の医学・医療倫理の根幹だからである。臨床研究は医療と違って、有効で安全かどうかわからないから人で確かめるのが目的で、必ずしも対象となる患者の利益にはならない。高橋氏はくり返しそれを強調しているし、そう理解して同意した患者だけが臨床研究を受けるはずである。だが、社会全体がそこをきちんと理解できていないと、対象となる患者の側にも無用の混乱を生む恐れがある。

治療法開発の面で、再生医療に使える幹細胞は、iPS細胞以外にもいろいろある。ES細胞のほうが先輩格で、海外では臨床試験が進んでいる。日本でiPS細胞の臨床研究第一例の対象に選ばれたのと同じ眼の網膜の病気に対し、ES細胞による臨床研究がすでに先行して行われており、中間報告の論文が出ている（『ランセット』オンライン版、二〇一四年十月十五日）。

また患者から取れるものとしては、骨髄に含まれる幹細胞などもあり、それを用いた再生医療の臨床研究も、すでに十年近く前から進められている。そのなかには、日本で先進医療（健康保険の一部適用を受けられる特別の医療）に認められたものもある。iPS細胞だけに期待をかけるのではなく、多様な幹細胞すべての可能性を活かした、偏りのない最適の再生医療をつくりあげるための支援を、官民挙げて進めるべきである。

ノーベル賞は何に対して与えられてきたか

iPS細胞研究のノーベル賞受賞を、再生医療への応用に役立つと国際的な科学の権威からお墨付きがついたものと受けとめるのは、間違いだと述べた。だが社会がそう受け取るのは無理のないところもある。ノーベル賞の多くが、役に立った応用研究に与えられてきたことは事実だからだ。

本書が対象にしている分野でいえば、二〇一〇年度医学生理学賞が人での体外受精成功に授与されたことが、その典型例だといえる。

哺乳類の受精は胎内奥深くで起こるので、その実態と仕組みの解明は、長く手つかずのままだった。そこで哺乳類の発生の解明を志す動物学者たちは、受精を人の手で、体外で行えるようになれば、研究が容易になると考え、体外受精技術の開発に取り組んだ。十九世紀の末にまで遡るこの哺乳類の体外受精研究は、一九五〇年代にようやくウサギで実を結び、六〇年代にはハムスターで技術の確立に道が開かれた（B.D.Bavister 'Early history of in vitro fertilization', Reproduction:124, 2002, pp181-196 にその経緯がまとめられていて、わかりやすい)。

こうした基礎発生学での長い歴史があってはじめて、体外受精の人への応用の成功(試験管内での最初の受精例発表は一九六九年、子どもの誕生までたどり着いたのは一九七八年)が可能になった。ノーベル賞が科学としての体外受精研究に与えられたのであれば、ハムスターなどで画期的な研究を行ったグループの存命者が共同受賞して然るべきだった。だが受賞したのは、世界で初めてヒトで体外受精による子どもの出産を成功させた英国のロバート・エドワーズ氏だけだった(共同実施者で産科医のパトリック・ステプトー氏は一九八八年に亡くなっていたため、受賞者になれなかった)。つまり体外受精にノーベル賞が与えられたのは、発生研究としてではなく、不妊治療に役立った業績として認められたことが理由だったのである。

新しい治療法が認められるには、長年かけて臨床でよい成績を積み重ねていく必要がある。それがノーベル賞受賞につながるには、さらに相当の年月がかかるのが普通だ。体外受精も、世界中で三十年以上、何百万件もの不妊治療の成果の積み重ねを経て、ようやく受賞に至ったのである。この点からみても、まだ臨床での成功例は一つもない時点でｉＰＳ細胞研究がノーベル賞を受賞したのは、治療法開発として認められたからではないことが、よくわかる。

そしてこの二つの例は、人の生命の始まりを扱う生命科学・医学研究が社会で評価される際に、倫理と宗教がどう絡むかを考えるうえで、格好の材料を提供してくれる。

ノーベル賞と生命倫理と宗教〜iPS細胞樹立成功と体外受精との対比

山中教授らによるヒトのiPS細胞樹立成功は、当初から、医学的意義だけでなく、倫理面でも高く評価され、歓迎された。

この研究が出る前までは、体中の細胞に分化でき、傷んだ臓器や組織の機能を再生する治療に使える幹細胞としては、受精卵（胚）をつぶしてつくるES細胞が最も期待され、研究が進められていた。しかし生命の始まりを犠牲にしなければならない点で倫理的問題が大きいとも受けとめられ、欧米を中心に、カトリックやプロテスタント保守派を筆頭とした宗教界、およびそれらを支持基盤とする保守政界が、ES細胞研究に強く反対していた。

もう一つ付け加えると、ES細胞は他人の細胞なので、患者に移植すると拒絶反応が起きる。そこで、先にふれたように、患者自身の細胞の核を卵子に移植し患者と遺伝情報が同一のクローン胚をつくって、そこからES細胞をつくろうという研究が出てきた。これなら拒絶反応は起こらないが、今度は、クローン胚を子宮に着床させればクローン人間が生まれるとの懸念とともに、卵子を利用しなければならないという問題が立ちはだかることになった。卵子も人の生命の元であり、しかもその採取は女性に多大の負担とリスクをかけるからである。そのためにクローン胚からのES細胞作成は、さらに倫理面でのハードルが高いと受けとめられた。

これに対し、iPS細胞は、患者自身の皮膚などの細胞からつくれる。胚も卵子も使わず、クローン人間誕生につながるとの懸念も伴わずに、治療に必要な、拒絶反応の起こらない細胞を作成できる。ES細胞と同等の再生能力を持つとされたiPS細胞の樹立成功は、それまでの再生医療研究につきまとっていた命の始まりを巡る倫理問題を伴わない点で、高く評価されたのである。それは日本でよりも欧米で、宗教界や保守政界を中心にして強く表明された評価だった。

このような宗教界からの倫理面での高評価は、もちろんノーベル賞受賞に直接寄与するものではない。しかしiPS細胞研究に先だって、二〇一〇年度のノーベル医学生理学賞が人での体外受精成功に授与された例を並べてみると、命の始まりの扱いを巡る科学と宗教のせめぎ合いが浮かび上がってくる。

カトリックやプロテスタント原理派は、受精の瞬間から人間が生まれると考え、人工妊娠中絶はもちろん、不妊治療における受精の人為的操作にも強く反対してきた。体外受精なくしてはES細胞研究も実現しなかったわけだが、受精卵を壊すという以前に、体外で人の手で受精卵をつくり出すことにも、保守的な宗教界は反対し続けてきた。

したがって、体外受精にノーベル賞を授与すれば、宗教界から反発を買うのは必至であった。そこをあえて踏み越えたノーベル委員会に対して、医科学界は、勇気ある決断だと喝采を送ったのではないだろうか。

体外受精へのノーベル賞授与は、iPS細胞研究への授与とは意味合いが異なることは、先に述べたとおりである。ノーベル賞が科学を顕彰する賞であるなら、体外受精よりもiPS細胞研究への授与のほうが正統な選考だといえる。しかし現実には科学分野でもノーベル賞は実利的な業績が対象になることが多く、その選考には時々の政治・社会情勢が加味されることもある。

体外受精へのノーベル賞の授与は、生命の始まりの扱いを巡る欧米での宗教界と科学界・医学界の長年の確執を背景に見ると、そこにある種の政治的意味合いがにじみ出てくることは否めない。したがってその二年後のｉＰＳ細胞研究への授与は、宗教界との関係でみれば、体外受精で対立の方向に振れたノーベル委員会の姿勢を、より親和的なほうへ戻す意味合いもあったのではないかと推察できる。

ＥＳ細胞研究との競合

こうした宗教界と医科学界の確執は、ｉＰＳ細胞へのノーベル賞授与発表と前後してフランス議会で行われた、再生医療研究を巡る論争にも表われている。

フランスでは、医学界と産業界が、宗教界などから厳しく批判されながら苦労して行ってきたＥＳ細胞研究のさらなる振興を求めて、抑制的な法規制を改めるよう要望してきた。この要望に中道自由主義系の議員が応え、規制を緩和する改正法案を議会に上程した。これに対し宗教界とそれをバックにした議員グループは強く反対し、議会内外で論争が戦わされた。

規制緩和反対派は、生命の始まりを犠牲にしないですむｉＰＳ細胞を高く評価することで、ＥＳ細胞研究はもう必要なくなったと主張し、その継続に異議を唱え、できればやめさせようとした。それに対し規制緩和推進派は、ｉＰＳ細胞の問題点（遺伝子組換え体であること、どうしてできるかメカニズムが不明であること、生体内でがん化する可能性が高いことなど）を強調し、安全面でも科学面でもＥＳ細胞のほうが優位にあると主張して、ＥＳ細胞研究の振興を訴えた。

最終的には二〇一三年七月に、人の胚を壊す研究は「原則禁止、例外としてのみ容認」という従来の規定を廃し、許可を得ればできるという単純な規定に改める改正案を議会は採択した。だが意見の対立は続いている。このようにフランスでは、ｉＰＳ細胞研究を支持し、そのノーベル賞受賞を賞揚するのは、科学界よりむしろ宗教界なのである。

日本ではどうか？

では翻って日本ではどうだろうか。日本では、フランスと違って、科学と宗教の対立という構図が社会の議論を主導することはなく、第２章でみたように、生命の始まりを扱う医療と研究への倫理的反対は、欧米に比べれば弱かった。体外受精は世界でも指折りの実施件数を誇っているし、ＥＳ細胞研究について国の規制が緩和される際も、とくに賛否の論争は起こらなかった。それでもＥＳ細胞よりｉＰＳ細胞の研究を推進するのが大勢で、ノーベル賞受賞後はそれに拍車がかかっているが、その支えになっているのは、倫理面の優位性の議論よりも、国産技術だからという理由が主であるようだ。国粋主義が日本の宗教だなどと言うつもりはないが、現状をみると、ｉＰＳ細胞に対する社会の支持は多分に心情的なところがあり、先に述べたように、その生物学的実体とノーベル賞受賞の意味がきちんと伝わっているとは思えない。

宗教界と科学界の対立を背景に、倫理的理由から厳しい法規制をヒトのＥＳ細胞研究に課してきたフランスだが、実際に樹立されたヒトＥＳ細胞株の数は、倫理上の対立がほとんどなく規制が緩いはずの日本よりも多い（二〇一四年九月末確認時点でフランス二八株に対し日本は十二株）。日本で樹立株があまり増えないのは、不妊治療の現場で、もう使わないと決めた体外受精胚をＥＳ細胞樹立のために提供してくれるカップルが非常に少ないためだそうだが、それは倫理的理由によるよりも、関心の低さが原因なのではないかと思われる。その背景には、体外受精胚の提供を呼びかける広報を積極的にしてこなかった、医学界や国の姿勢があるのではないだろうか。ｉＰＳ細胞への国策による重点支援が始まって以降、そうした消極姿勢はすっかり定着したように見える。だが先にも述べたように、ＥＳ細胞研究はｉＰＳ細胞研究の基礎を成すものであり、生物学としても再生医療の基盤技術としても、その意義が失われたとはいえない。

偏らない情報の公開による科学面の正しい理解と、それに基づく安全性の確証は、宗教的信念の違いを超えて共有されるべき、重要な倫理の柱である。その柱が、国産技術振興のかけ声のなかで、なおざりにされるようなことがあってはならない。医学・医療に対抗する価値観を奉ずる有力な社会的政治的勢力がない日本の特質が、ここではマイナスに働く恐れもあることを、われわれはしっかり認識しておくべきだろう。

ＳＴＡＰ細胞「再現実験」をどうみるか

さて序章で述べたＳＴＡＰ細胞研究を巡る騒動だが、発表された論文のデータは、多方面から指摘されたとおり、真正のものでなかったことが明らかになり、不正が認定されて論文は正式に撤回された。だがその後も、小保方氏だけでなく、ほかにも二人の共著者（理研の笹井氏とハーバード大のヴァカンティ氏）が、ＳＴＡＰ細胞の存在を否定しなかったので、非難と論争が続いた。当事者の理研ＣＤＢは、もうひとりの共著者丹羽仁史氏を主な実施者とし、その上に、総括責任者として、論文の研究には加わっていなかった発生学者の相澤慎一特別顧問をあてる態勢を設け、ＳＴＡＰ細胞がほんとうにつくれるかどうか、「再現実験」を行うこととした。

この理研の対応に対しては、分子生物学会が、不正の実態の解明が済むまでは、実験を「凍結」するよう求める声明を出すなど、厳しい批判が寄せられた。論文が撤回されたことで、科学的にはＳＴＡＰ細胞の存在は否定されたと考えるべきで、理研が「再現」に固執するのは、まったくおかしいというのである。さらに理研が、不正に対する懲戒処分の手続き中だった小保方氏を、監視カメラや第三者の監督下で、二度と不正はできない態勢に置くという異例の条件付きではあったが、実験に参加させる決定をしたため、さらに激しい非難が加えられた。

またこの間、実験実施への批判が高まったことに対し、理研を所管する文部科学大臣が実験継続を支持する発言をし、科学への政治介入だと批判される事態も招いた。序章でもふれたように、経済成長の起爆剤として再生医療開発が期待され、理研はその中核を担うべく、重点的に国の予算配分を受ける機関として特別の地位を与えられる立法が行われる予定だった。文科大臣の実験支持発言は、そうした国策を担う理研を擁護しようとの政治的意図によるものと受け取られたのである。

この「再現」実験について、二〇一四年八月末に理研が行った中間報告では、丹羽氏がくり返し行った実験でも、STAP細胞とみなせるようなものはできなかったと、ほぼ否定的な結果が発表された。ただ、科学の実験では、誰がやるかで結果に差が出ることはある。その人でなければできないという実験もあることは事実だ。そのため、論文撤回後も、STAP細胞ができたことは間違いないと主張し続けた小保方氏に、再度実験をやらせて結果を見ないことには決着がつかないとの判断がなされて、実験はさらに継続されることになった。だが、これにも激しい非難が浴びせられ、STAP細胞騒動はなかなか収まる気配を見せなかった。

STAP細胞「再現」実験には、科学的必要性も妥当性もないとみるべきだろうか。撤回された論文のやり方をくり返すだけの追試であれば、すでに論文発表後に世界中で行われ、結果に再現性がないことは明らかになっていた。中間報告までの丹羽氏の実験結果も、それを再確認している。したがって、論文と同じやり方の実験をくり返すだけの研究は、科学的に必要でも妥当でもないだろう。

しかし序章でも述べたように、細胞に外から物理化学的刺激を加えるだけで、核のゲノムをリセットできるのではないかという仮説については、論文撤回で証明は白紙になったが、仮説自体が全否定されたわけではない。だからこの仮説が成り立つかどうかを明らかにすることを目指す新たな実験研究なのであれば、科学的必要性はあると考えることができる。それはＳＴＡＰ細胞の「再現」実験ではなく、ＳＴＡＰ（刺激惹起性多能性獲得）現象という仮説の「検証」実験というべきものになる。総括責任者を引き受けた相澤氏は、最初の会見で、ＳＴＡＰ細胞ができるかできないかで済ますのではなく、できないならどうしてできないのかを明らかにできるような、科学史に残る意味のある実験をやりたいという趣旨の発言をした。やるからには科学としての筋を通したいとの決意表明だったと私は受け取ったが、理研非難の嵐の中で、その点はまったく評価されなかったようだ。

　この問題では、理研の対応と組織運営上の姿勢が非難され続けていて、その通りの面もある。しかし、優遇された理研の既得権の上にあぐらをかいた閉鎖的な研究者、管理者と官僚、政治家の癒着構造を叩くのと、科学としてのＳＴＡＰ研究を批判することとは、別の問題である。さらにいえば、撤回された論文の素材やデータの不正の実態を追求することと、「刺激惹起性多能性獲得」という仮説の科学的評価とは、これまた別の問題である。だが実際には、そうした政治的批判や不正の非難・追求と、科学面の批判が、渾然一体となって一つの流れをつくっていた。そのことに、私は若干の危惧を覚える。

　分子生物学会が実験の凍結を求める声明を出したことは、科学的必要性と妥当性のない研究はしないし、させないという、本書で述べてきた研究倫理の根幹を守ろうとした行為だと理解できる。だがやはり学会としては異例なことで、それ自体が特定の研究を行う自由を否定する政治的行為にならなかったか、振り返って冷静に検討する必要もあるのではないだろうか。理研が批判に対し何も応えようとしないというのであれば、学会が主催して学術集会を開き、STAP仮説の当否と検証実験の科学的必要性・妥当性について、渦中の当事者も分け隔てなく参加できる雰囲気の下で、徹底的に討議できる場を設けてもらいたかった。それでこそこの「世紀の研究不正」事件を、「科学史に残る意味のある」騒動にできたのではないだろうか。

理研CDBは「解体」されるべきか

こうして続いたSTAP細胞騒動のために、舞台となった理研CDBの組織も、不正を防げなかった管理運営上の責任を厳しく問われることになり、外部の調査委員会から「解体」を勧告されるまでに至った。理研本体の運営体制も批判され見直しの対象にされているが、ここではCDB（発生・再生科学総合研究センター）の今後のあり方に絞って考えてみたい。

「解体」勧告を受けて理研は、CDBのうち、iPS細胞の臨床研究を進める高橋政代氏の研究室を残して、それを中核に研究センターを再建し、それ以外の発生学の基礎部門は廃止する（そこに所属していた研究員は理研のほかの研究所に配置転換する？）という改革案を検討中であると伝えられた。二〇一四年十一月下旬にCDBに代わって発足した新センターは、ほぼその方向で改組されたようだ。しかしそれは理研が目指すべき方向ではないと、私は考える。

理研は本来、技術開発や臨床応用よりも、基礎研究を主体とする公的研究機関だと思う。少なくともCDBはそうだったのではないか。iPS細胞研究は、生物学的基礎の解明の方向をもっと重視すべきだと述べた。理研CDBは、そうした基礎研究の一翼を担うべき存在で、患者を相手にした臨床研究をやる機関ではないはずである。基礎の研究から臨床応用できる有望な成果が出れば、それは順次、臨床技術開発を担う専門機関、病院に受け渡していくべきだ。実際、iPS細胞の臨床研究第一例も、患者を受け入れ手術を行い、経過を観察しているのはCDBではなく、先端医療センター病院である。これまで、この臨床研究に関わる者は、CDBと病院と両方に所属したり研究室を持ったりして行き来していたようだが、くり返し述べてきたように、技術開発と科学研究は別個の規範と倫理に従う営みとして、はっきり区別できるようにするべきだ。

今後、理研CDBは、網膜再生医療の研究開発を、先端医療センター病院と、設立が予定されている開発の事業化を担う組織（「神戸アイセンター（仮称）」）に委ね、自らは基礎研究に専念する組織として、臨床研究からは撤退したほうがいいのではないだろうか。いまCDBがある神戸のポートアイランド地区は、「医療産業都市構想」の下に、高度医療開発の一大拠点として整備運営されているところである。理研CDBは、基礎研究機関としてのセルフアイデンティティーを再確認し、医療産業技術開発の場である神戸からは離れて別の場所に移るなどして、発生学研究のナショナルセンターとして再建されるのがいちばん望ましい姿だと私は考える。

人工的に生命をつくる研究の倫理

話題を別の研究分野に移そう。iPS細胞は、遺伝子組換えによる人工の細胞だが、自然に存在するものに手を加えただけなので、完全な人工物でもない。それに対し、人の手で新たな生命を生み出そうとする研究も行われている。そうした試みは、合成生物学（synthetic biology）という、新興の分野を形作るまでになっている。

ただ現状では、合成生物学研究のほとんどは、遺伝子工学や発生工学の技術で既存の生命体を改変する段階にとどまっているようだ。新しい生命体をつくる試みとしては、二〇〇二年にDNAの塩基配列のデータからポリオウイルスの合成に成功した例に続き、二〇一〇年に、人工的に合成されたDNAデータからマイコプラズマという細菌の一種をつくることに成功したとの論文が出て、話題になった。ウイルスは生命と非生命の境界にある存在だが、細菌は立派な生命体だからである。ただこの研究も、実際に生命体をつくる過程では既存の細菌の力を借りていて、まだ完全な人工生命体とはいえないが、その実現につながる成果だと評価されている。

かつて、一九七〇年代に体外受精の人への応用が実用化されようとしたとき、「生命の誕生という神の領域に、人の手を及ぼしてよいのか」と批判され、倫理上の是非が議論された。それと同じように、人の手で生命体をつくる研究も、似たような懸念を呼び起こす。そのため、二〇〇九年十一月にヨーロッパ連合の科学・新技術倫理委員会が、次いで翌二〇一〇年十二月には米国の大統領倫理問題研究委員会が、合成生物学がもたらしうる倫理的問題について検討する報告書を出した。二〇一二年二月にはフランス議会科学・技術評価局も、合成生物学の現状と今後の課題を検討する報告書を出している。

合成生物学は、燃料を生成するとか二酸化炭素を吸収するといった、自然界にはない有用な新しい機能を持つ微生物をつくることを目指す研究が多く、その意味では科学というより技術開発の面が濃い。そのため合成生物学の倫理的問題として挙げられる内容も、目的の妥当性(とくにバイオテロに利用されることの防止)、安全性の保障と封じ込めなどのリスク管理、環境や次世代への影響の配慮、知的所有権のあり方(生命をどこまで特許の対象にしてよいか、南北格差にはどう対応すべきか、など)といった、技術倫理に属するとみなすべき事柄がほとんどである。こうした技術倫理上の問題点と、実現が期待される成果の有用性との比較考量が、研究を適正に進めるための判断基準になるだろう。

これに対しフランス議会の報告書は、「合成生物学は科学か技術か?」という問題提起をし、技術開発とは異なる、生物学の基礎研究としての可能性を検討している。この仕分けは重要である。本書で述べてきたように、科学研究には、技術開発に求められる倫理とは違う規範が適用されるべきだからである。

先に挙げた細菌の合成研究を行った米国のクレイグ・ベンターは、バイオ技術と製品の開発を手がける事業家のようにいわれることが多い。だが彼は自伝で、自分は「生命をとらえ理解したい、という衝動にかられている」と述べ、合成生物学研究を進める動機について、「真の人工生命体をつくることによって生命のソフトウエアが理解できることを示したいと考えている。そして、生命の暗号を解くことによって生命はほんとうに理解できるのか、それを知りたいと思っている」と述べている（野中香方子訳『ヒトゲノムを解読した男――クレイグ・ベンター自伝』化学同人、二〇〇八年）。合成生物学は生命の根本を知るための科学だと、この分野の先駆者の一人として認めているのである。

これまで述べてきたように、科学に適用されるべき研究倫理として求められるのは、第一に個々の研究が科学的に必要で妥当であることの保障であり、第二にそれを保障するために徹底した相互批判を行い、その過程を公開して透明性を確保することである。合成生物学にこれをあてはめると、第一に、何のために生命体を人工的につくるのかが問われる。生命とは何か、どのように成り立っているのかを知ることと、生命を人の手でつくることは、どうつながるのか。いいかえれば、「この世にはない生命体をつくってみたい」という好奇心（野心？）は、「生命の仕組みを知りたい」という科学の目的として、どこまで正当化できるのか。生命の根本原理を解明するために、人工生命体をつくる必要はあるのか。ほかの方法ではできないのか。この点を、まず専門家の間で徹底的に相互批判し、その結果を、科学する欲望の充足を科学者に付託した、研究の究極のパトロンである市民に、納得できる形で説明することが求められる。それが合成生物学に求められる、第一の研究倫理である。

次いで、科学的妥当性としては、生命体をつくろうとする個々の研究計画が、生命を知るという目標に達しうるようなデザインになっているかどうかが問われる。ただつくってみましたというだけでは、研究倫理としては認め難いだろう。方法だけでなく、対象とする素材の選定も重要な検討項目になる。細菌ならいいか、植物や動物に進んだらどうか。社会が抱く懸念も、そこが要になるだろう。この点については次節で詳しく考えよう。

合成生物学ないし人工生命研究を適正に進めるためには、こうした科学的必要性と妥当性について、研究行為に伴うと予想されるリスクとも比較考量して検討し、当否を判断することが求められる。リスクの想定と安全管理は、技術倫理と共通するところである。

どこまでやったら社会はやめろというだろうか

このように、人工的に生命体をつくることを目指す合成生物学は、技術開発と科学研究の二つの側面を持っている。したがって合成生物学を社会がどう受けとめるべきかを考える際には、その二つの面それぞれに即した議論が求められる。

その二つの面に共通して、いちばん問題になるのは、どこまで人の手で新たな生命体をつくってよいのか、ということだろう。細菌などの単細胞生物までならよいだろうか。多細胞生物の合成に進んでよいだろうか。その場合、菌類や植物ならよいか、動物はどうか。昆虫くらいなら許せるか。哺乳類にまで進んでいいかといわれたら、どうか。霊長類や人への応用は許されるだろうか。

実際の研究の現状は、まだ単細胞生物の合成ができるかどうかという段階なので、こうした問いは、なかばSFめいた、遠い将来の課題なのかもしれない。だが、合成生物学を社会がどこまで受け入れるかという問いは、生命科学研究が社会において占めるべき位置と、研究が認められる根拠について考える、いい材料になる。

そこで先に挙げた二つの面に分けて考えてみると、有用な生命体をつくる技術開発としてなら、細菌でも植物でも動物でもどんどんやってよいだろうか。生命の仕組みを知るための科学研究としてなら、その範囲は狭まるのか、広がるのか。同じく人工生命体をつくるといっても、現世利益を求める欲望の充足を追求する技術開発なら社会は広く受け入れるのか？　それに対し、科学する欲望の充足を追求するだけの行為だというなら、技術開発ほどには受け入れられないのか、それとも逆か？　これは興味深い重要な問題だ。

研究倫理のうえでは、いまのところ、第1章でみた動物実験の倫理原則が適用されるのは脊椎動物以上を対象にした場合なので、細菌や植物はもちろん、昆虫やウニくらいまでならあまり問題にされないかもしれない。合成生物学の実験管理も、そうした線引きでよいだろうか。それとも、遺伝子組換え実験のように、ウイルスから細菌まで含む、より広範な種を対象にした厳しい管理が求められるだろうか。

さらに科学研究と社会の価値観との調整という面でいえば、「自然を超える、自然でないことをする」ことへの抵抗や反発をどう考えるかも、合成生物学研究の倫理を検討する際には避けて通れない課題だろう。

科学者が越えてはならない一線を画する基準として、「自然の範囲か、自然でないか」という線引きは、成り立つだろうか。自然でないことはしないほうがいい、自然を超えるようなことはしてはいけない、というのであれば、では品種改良によって人の手で自然界にはなかった動植物をつくってきたことは、「自然」のうちだったのだろうか。遺伝子組換えした農作物や家畜への抵抗感は依然根強いが、では遺伝子組換え体は、「人工生命」「合成生物」なのだろうか。研究者の間でも、合成生物の範囲をどこまでとするか、議論は分かれるようである。

遺伝子組換え技術が実用化されようとしたとき、その対象はまだ大腸菌のような単細胞生物が主だったにもかかわらず、専門の科学者たちは国際会議を開いて、安全に実験を遂行できる体制を策定し施行できるまで、遺伝子組換えは行わないという自主的なモラトリアムを宣言した。科学史上画期的で有名な、アシロマ会議（一九七五年）である。合成生物学も同じようにまだ細菌レベルが主だが、アシロマ会議のような取り組みは必要だろうか。いまのところ、研究者の間ではとくにそうした動きはないようだ。社会の側もそれでいいと受け入れるだろうか。研究が大きく動いて社会の側から待ったがかかる前に、研究者の側が率先して行動を起こすのが望ましいと私は考える。今後の成り行きを注目したい。

トランスヒューマニズム〜科学と技術を巡る欲望の極北？

「トランスヒューマニズム」という言葉をご存知だろうか。米国を中心に、国際的な広がりのある思想運動だというが、日本ではあまり話題になっていないようである。トランスヒューマニズムとは、読んで字のごとく、「人間超越主義」とでも訳すべき思潮で、使える技術を総動員して、人間の精神と肉体の能力を、自然の限界を超えて根本的に高め、「ポストヒューマン」（人間を超えた次の人間、スーパーマン？）になることを目指す運動である。

こうした超人志向は、古今東西、様々な形で人類が抱き続けた夢想だといえるが、現代のトランスヒューマニストたちが利用しようと期待する、ナノテクノロジー、バイオテクノロジー、情報技術や認知科学が近年急速に発達してきたことで、単なる夢物語と片付けられなくなってきたところがある。

トランスヒューマニズムという言葉を最初につくったのは、一九五七年、英国の生物学者ジュリアン・ハクスレーだという。それが一九六〇年代には未来学の一環として議論され、一九八〇年代には米国のカリフォルニア大学ロサンゼルス校（ＵＣＬＡ）を主な拠点にした活動が行われて、一九九八年、「世界トランスヒューマニズム協会」が設立され、運動として組織化されるようになったという。同協会は二〇〇八年に「ヒューマニティ＋」と名前を変えて、機関誌を出すなどの活動を続けている。運動の目的に資する研究と教育を行う大学（Singularity University）も米国カリフォルニアに設立されていて、グーグルやノキアなどの企業や、ＮＡＳＡ（米国航空宇宙局）が出資しているという。

トランスヒューマニズムには、すべての人間の能力を最大限高めることで、不平等や貧困をなくし、人類の生活の質を高めようという社会政策的志向もあるが、主な目的は個人レベルでの肉体と精神の改造、増強に置かれていて、個人的自由主義ないしリバタリアニズム（自由至上主義、完全自由主義）とつながる面もある。

極端な生命操作を積極的に認めるトランスヒューマニズムは、二つの点で批判されている。一つは、超人間など技術的に実現できないとするプラクティカルな批判、もう一つは、それが掲げる道徳原則や人間観に対する倫理的批判である。

倫理的批判は、自然を超えることをどこまでやってよいかという点で、人工生命研究の例とつながるところがある。カトリック教会は、神が創造した人間を変えてしまおうとは、人間の価値を侵す非道徳的思想だと、トランスヒューマニズムを批判しているという。同じことを、宗教的観点抜きで、第2章でとりあげたフランス生命倫理法が法規範として定めている。同法では、個々人だけでなく、種としての人も、守られるべき人の尊厳の一面として保護されなければならないとし、種としての人の改変につながる生命操作を禁じているのである（81頁**表3**、第16条の4）。こうした教会や法の姿勢のためか、フランスでは、米国ほどトランスヒューマニズム運動は盛んでなく、抵抗、反発のほうが強いようにみえる。

日本でも、子孫に影響を与える生殖細胞の遺伝子組換えは、遺伝子治療臨床研究倫理指針で禁じられている。一般に生命倫理の議論では、医療目的でなく、能力や性質を向上させるだけの目的での人間の生命操作は、認められないとするのが大勢である。

また、肉体や精神を、個人レベルでの能力向上の道具とみなすトランスヒューマニズムの姿勢は、人々の分断・孤立を招く極端な個人主義や、人身を消費材のように扱う風潮を招くとの批判もある。さらに、超人になれるだけ先端技術を駆使できる人と、できない人が二極化して、大きな差別が伴う階級分化を生み出してしまうという批判もある。

（以上の記述は、Wikipedia 'Transhumanism'、Génèthique Dossier 'Transhumanisme' および Humanity +、Singularity University などの関連ウェブサイトを参照した）。

倫理を考える本書の枠組みでいえば、トランスヒューマニズムは、人間の欲望の最も極端な形を示しているとみることができる。この思想運動が目指す欲望の充足は、認められるだろうか。それは今後、研究倫理や生命倫理のあり方を変えていくことになるだろうか。

この問題を考えるには、まず、はたしてトランスヒューマニズムとはどのような欲望なのかを、検討しておいたほうがいいだろう。

技術を際限なく発達させて、病気や障害を根絶し、健康と長寿を求める点では、現世利益を求める欲望そのものであるように見える。しかし、健康と長寿を求めるために、超人になって、人間でなくなる必要はあるだろうか。また、トランスヒューマニズムのなかには、精神的な存在として、いまの不完全な肉体の限界を超えようとの知的志向もあるが、それは本書でいう科学する欲望の充足を求める姿勢とは考えられない。人間の知を究極にまで高めたいというだけで、知の仕組みを解明しようという目的は感じられないからだ。

つまりトランスヒューマニズムには、人間を超えた存在になって、では何をしたいのかという、明確な目的がないように思える。たとえば次に取り上げる宇宙進出のために、それに耐えられるよう肉体と精神を強化する、といった具体的な目的は、挙げられていない。能力の向上によるいまの人間の状態からの超越は、具体的な目標を達成するための手段ではなく、それ自体がいわばごく抽象的な目的なのだ。

こうした抽象的な欲望の登場は、自然を離脱した人類の知性の進化の、当然の帰結だとみるべきなのだろうか。それともそれは、肥大化した人間の欲望をコントロールできず、たがが外れてしまった、病理的なアノミー状態だとみるべきなのだろうか。

いずれにせよ、トランスヒューマニズムに示された欲望の姿にどう向き合うべきか、そこでどういう倫理が必要かを考えるには、人間は何を目指すべきなのかという、哲学的な問いに向き合う必要もあるようだ。それは、欲望論から科学と社会のあり方を考えようとしてきた本書の議論を進めるうえで、避けて通れない課題なのかもしれない。

そこで最後にその点を、もう少し現実的な話題に変えて、議論してみよう。

宇宙での実験研究の倫理

二〇〇六年九月、フランスで、ボルドー大学病院の研究チームが、無重量状態での患者の手術に世界で初めて成功したとの報道があった。ほんとうの宇宙空間でやったのではなく、ジェット機で高高度に飛び、エンジンを切り自由落下して無重量状態をつくって、その間に手術をするというやり方だった。無重量状態になるのは二十秒ほどだけなので、有重量状態に戻ると、手術を中断し高高度に向かい、また自由落下して手術、という手順をくり返したとのことである。行われたのは腕にできた良性の腫瘍の切除で、患者は自ら志願した四六歳の男性だったという（AFP、二〇〇六年九月二八日）。

これは、世界初というところからもわかるように、通常の医療行為ではもちろんなく、患者を被験者にした実験、臨床研究である。したがって事前に倫理審査が必要だ。フランスには人対象研究法という法律があって、人を対象にした実験研究は、すべて事前に計画を公的審査委員会に出し、承認を受けなければ実施できない。無重量状態で手術を行うという臨床実験計画では、何が倫理審査のポイントになるだろうか。

まず、いきなり人で試すことは通常認められない。その前に動物実験で、安全性と有効性を確かめなければいけない。この研究の場合、実施したチームは、二〇〇三年にまずラット（大型のネズミ）を使って、同じ条件で手術実験を行い、良好な結果を出していたという。したがってこの第一関門はパスしていた。

次に、いよいよ人で試そうという臨床試験では、一般に、被験者に与えるリスクが、研究によって得られる利益に見合った最小限のものでなければいけない。患者を被験者にした治療研究の場合は、健常ボランティアを被験者にする場合よりも厳しい審査が求められる。既存の通常の治療法との比較も重要な基準になる。問題の臨床研究計画では、かなり無理をして無重量状態に置き、そこで手術するという前例のないリスクを、研究目的で患者に負わせることになる。そこで得られる利益とは何だろうか。

この臨床研究の目的は、もちろん、地球外の宇宙環境で人間に外科手術をすることができるかどうか、どうやれば安全にできるかを、試すことにある。この研究で良い結果を出せれば、国際宇宙ステーションなどに長期滞在する宇宙飛行士たちの医療に貢献できるという利益が期待できる。だがそれは被験者になる患者には直接の利益にならないので、負わせるリスクは最小限にしなければいけない。だから、「腕の良性腫瘍」という、命に関わらない、体の表面近くにあって深い侵襲を伴わない（多少手が滑っても、そうひどいことにはならない？）疾患が、最初の対象に選ばれたのだろう。

将来人類が宇宙に進出するのであれば、こうした臨床研究は不可欠である。ボルドーのチームの手術研究計画を審査した倫理委員会は、この研究が患者にもたらすリスクは、現在および将来の宇宙開発に研究がもたらす利益に見合うものだと認めて、承認したということになる。もちろん可能なかぎりの安全管理体制と必要な技術・設備・用具が整備され、利益とリスクの説明を受けて納得し同意した患者だけが被験者に選ばれるという条件付きであるだろうが。

宇宙開発では、こうした手術法の開発研究だけでなく、基礎医学的研究も行われている。無重量状態で人の体にどのような変化が起こるか、実際に宇宙に出た飛行士はまだ数が少ないので、得られるデータは限られる。そこで地上でできる代替法として、被験者を二ヶ月間ベッドに寝かせて低重量状態に置き、影響を調べる研究が、長い間行われてきた。健康な志願者が被験者になるが、寝ているだけといっても相当な負担で、しかもその結果、様々な不具合が体や心に起こる可能性がある。ここでも倫理審査としては、そうしたリスクが、宇宙開発を進めるうえで重要なデータを得られるという利益に見合ったものかどうかという判断を下すことになる。

このような手術実験や寝たきり実験は、有人宇宙開発を進めるべきだという前提があってのことで、その前提が否定されれば必要性は非常に低くなるので、倫理的に成り立たなくなるのではないだろうか。人類がみな地球で暮らし続ければいいのであれば、無重量状態で外科手術をする必要はないからだ。どんなにリスクが低くても、必要のない研究を人に行うことは、倫理的に認められない。

だが、逆にいえば、人類は宇宙に進出するべきだという方針を認めるなら、人を対象にしたかなりリスクの高い実験研究でも、認める余地はあるということになる。たとえば、宇宙環境で長く生存できるためには、放射線被爆に耐えられる環境を整えなければならない。宇宙船や地球外基地の設計や、宇宙服などのハードウエアの開発だけではそれが十分に果たせない場合は、思い切った人体改造も視野に入ってくるかもしれない。そこでは、現在は倫理的に認められないとされている、治療目的でなく体質向上目的での生命操作や、改造した形質を（宇宙でもうける）子孫にも伝えるための、生殖細胞系列の遺伝子改変などが、必要性を認められるようになるかもしれない。

宇宙での実験研究において、どこまでこれまでの倫理の見直しが必要になるかは、今後どれだけ多くの人類が宇宙に出て行くことになると考えるかにかかっているといえるだろう。その前提次第で、人を対象にした実験研究の倫理の基本になる科学的必要性と妥当性の判断軸が、変わってくるからである。

宇宙開発の是非論と倫理

つまり、宇宙開発における科学と技術の倫理のあり方は、人類は宇宙に出て行くべきか否かという、科学と技術を超えた人類の生活全体に関わる選択にかかってくることになる。大げさにいえば、それは人類の文明史を画する選択の問題になるのだ。

ここでも、判断の基準は、二つの系列に分かれるだろう。エネルギー、資源、食糧、人口など、地球環境の制約ゆえに直面せざるをえない問題を解決するために、人類が生活圏を地球の外にも求めて行くべきかどうかという判断が、まず考えられる。これは本書の表現でいえば、現世利益を求める欲望に関わる判断だということになる。これまで宇宙開発の是非というと、この面から議論されるのがふつうだった。

だが、本書で議論してきた構図からみれば、それだけで終わってはいけない。もう一つ、科学する欲望の充足のための宇宙進出の是非、という観点からも問題を考えるべきである。この宇宙はどうなっているのか、なぜそこに生命が生まれ、そこから人類が進化したのか。この問題を解明するために、人間が宇宙に出て行く必要はあるだろうか。地上からの観測や無人機を飛ばす探査だけではだめだろうか。

科学目的だけの有人宇宙開発を認めるかどうかは、ここまで議論してきた科学的必要性と妥当性の検討だけでは収まらない問題だと考えられる。そこでは、先にふれた、人間は何を目指すべきなのかという、価値観を巡る議論が前提になるからだ。

この点については、ロケット学の先駆者、ロシアのコンスタンチン・ツィオルコフスキーの名言がある。いわく、「地球は人類のゆりかごだ。だがゆりかごで一生暮らす人間はいない」。だから宇宙に飛ぶロケットの開発研究をどんどん進めるべきだというのだが、漫画家の幸村誠が作中人物に語らせたように、これほどうまく率直に、俺は地球の外に出てみたいのだという科学する欲望を、正当化しようとした言葉はないだろう（『プラネテス』第2巻、講談社、二〇〇一年）。せっかく外界を客観的に把握することのできる知性を得たのだから、その知性を発揮する場を、地球の上だけに留めておいてはいけないという思いが、そこにはあるのではないだろうか。問題は、こうした欲望に、人々が社会全体としてどこまで価値を認めるかである。

宇宙進出の是非と方向性の検討は、こうした二つの異なる系列での欲望の充足に関わる価値観に基づく判断をバランスよく考慮して、議論するべきだ。人類の宇宙への進出は、資源やエネルギーといった新たな富の獲得の場を、地球の外にも広げるためだけの旅になるのだろうか。それとも、あの星空の向こうはどうなっているのか、そこでは何がどのように起こっているのか知りたいというだけの旅にもなるだろうか。ここでも、くり返し述べてきたように、現世利益を求める欲望の充足に対し、それとは基準の異なる科学する欲望の充足が占めるべき位置ないし価値について、検討する意義がある。それが、宇宙進出も視野に入れた今後の人間社会における、研究倫理や生命倫理の土台になると私は考える。

話がやや壮大になってしまったが、宇宙を前にして考えるべき問題は、人間の欲望にどう向き合うかという価値観に基づく選択になるという点で、これまで論じてきた地上の倫理の問題と、根は同じである。最後に結章で、本書で述べてきたことを振り返りつつ、そうした価値観の議論の帰結を追って、話を締めくくろう。

結　章　生命の科学の拠りどころ

～成熟への道筋

原子力研究と生命科学

これまで述べてきたことを振り返り、本書の議論を結ぶために、まず、第1章でふれた原子力研究の倫理について、生命科学との対比という観点から、もう一度考えてみたい。

第1章で述べたように、日本国憲法は「学問の自由は、これを保障する」と定めているが、自然科学の実験研究は、すべてそこでいう「学問」に入るのだろうか。科学研究の自由が成り立つ条件は何か、その自由を制約する原理は何か。二一世紀の科学の現状と将来の展望を議論するためには、こうした問いを真剣に検討し、答えを見いだす努力をする必要がある。

そこで生命科学を念頭に、この問題を直接科学者に問いかけ、議論してみたところ、相手になってくださった四人の科学者すべてが、原子力研究を引き合いに出してきた。これは私の意図したことではなかったが、興味深い論点が得られた（『生命の研究はどこまで自由か　科学者との対話から』岩波書店、二〇一〇年。対話の相手の四人の科学者は、以下登場順に、長谷川眞理子、池内了、田川陽一、勝木元也の四氏）。以下、その概要を拾いながら、話を進めてみたい。

進化生物学・行動生態学者の長谷川眞理子氏は、日本国憲法がつくられたとき、まだDNAの構造もわかっておらず、本領を発揮していなかった生命科学は、自由が保障される「学問」の具体的対象として想定されていなかっただろうという。だが、当時すでに実地に行われていた原子核物理学と核兵器の研究は、「学問の自由」のなかに含まれていたのだろうか、と問う。これは重要な問題提起だと思う。憲法がつくられた当時、核物理学と核エネルギーの利用研究にも、学問の自由は認められると理解されていたのだろうか。

敗戦後の占領下、一九四五年十一月頃に、連合国軍総司令部（ＧＨＱ）の命令によって、理化学研究所、京都大学、大阪大学のサイクロトロンが破壊・撤去され、核物理研究が禁じられた。これは学問研究の自由の侵害というほかないだろう。だがその後できた日本国憲法は日本国政府を拘束するだけで、それより上位にあるＧＨＱは、その拘束を受けない。敗戦国日本の主権は制限され、学問研究だけでなく、ほかの様々な面で国民の自由は制約を受けていた。だから当時の日本人研究者が、核物理学研究の自由を問題にできる環境にはなかっただろう。

この禁止措置に対しては、米国の科学界から批判が起こり、来日した専門家の進言によって、占領最末期の一九五一年春に、ＧＨＱは核物理研究の禁を解き、理研などのサイクロトロンの再建を許可した。そして一九五一年九月に講和条約が調印され、翌五二年四月に占領は終わり、日本国は主権を回復する。さらにその後、一九五三年に、アイゼンハワー米国大統領が国連総会で「原子力の平和利用」演説を行ったのを契機に、核エネルギーの開発研究が日本でも認められ、国内で基盤整備が始まった（井上信「粒子加速器と原子力」科学カフェ京都、二〇一〇年二月一三日、「サイクロトロン物語」理研ニュース二〇〇〇年八月号など参照）。

この「解禁」の過程で、憲法が定める学問の自由という観点から、核物理学・核エネルギー研究のあり方を考えるような議論はあったのだろうか。ぜひ知りたい。それは単に過去の回顧に留まるものではない。現在、そして将来、日本で核物理学と原子力の研究が、学問としての自由をどこまで保障されるかという問いにつながる問題だからである。

この問いに対し、宇宙物理学者の池内了氏は、核兵器は絶対悪であると物理学者は言い続けるべきだと述べつつ、科学者としては、原子核のエネルギーを解放するとどういうことが起こるか知りたい、誘われれば原爆の研究でもやりたいと語った。その意味での知的探求に制限はあるべきでない。ただし、すべてをオープンにすることが条件となる。核兵器研究でも軍事機密などといわずにすべて公開し、市民の検証や批判に耐えるものでなければならない。池内氏はそう述べる。

発生工学者でES細胞研究を手がける田川陽一氏も、科学研究で何をどこまでやってよいか考えるのにいちばんわかりやすい例として、原子力研究を挙げた。田川氏は、核エネルギーの研究は、とことんやるべきだと語った。兵器への応用も含めて知るべきことはすべて知っておくべきで、そうしないと問題が起こったときに対処できないというのである。ここでも田川氏が依拠しているのは、知的探求という意味での科学研究に制約はあってはいけないという立場である。

分子生物学者の勝木元也氏は、少し違う角度からこの問題を取り上げた。彼は、第3章で人工生命研究について述べたときふれた、科学者が遺伝子組換え研究にモラトリアムをかけた「アシロマ会議」（一九七五年）について教えてくれた。これは研究の自由を科学者が自己規制した史上有名な事例なのだが、勝木氏によれば、そこでの中心問題は、生命の操作をどこまでやってよいかという倫理的な問いではなく、安全性への配慮だったという。第2章で述べた予防原則の問題意識に基づき、ウイルスや細菌の遺伝子を組換えて未知の危険な生命体ができ、危害を及ぼす事態が生じるのを防ごうとしたのである。そのために採られた方策が、遺伝子組換え体の物理的封じ込めのシステムの構築だった。したがって、遺伝子組換え研究の規制は、予想される危険をどう抑え、安全性を確保できるかが中心になるという点で、原子力研究の扱いに近いと勝木氏は指摘する。

確かに、日本原子力学会の倫理規程をみてみると、安全性と危険の管理に重きが置かれている。それは、本書で述べてきたように、技術倫理の範疇に属する規律だとみることができる。問題は、その先にある。安全で危険が抑えられれば、何をしてもよいのだろうか。そこからが、研究倫理ないし科学する欲望のコントロールの問題になる。日本原子力学会の倫理規程では、「原子力の利用は平和目的に限定する。会員は、自らの尊厳と名誉に基づき、核兵器の研究・開発・製造・取得・使用に一切参加しない」と定めている（行動の手引き2−2）。これは、日本国が憲法で宣言した平和主義の理念ないし国家方針に沿った規定だと思うが、研究の自由を自ら制約する自己規制であるとも受け取れる。

さては、平和利用限定で、安全性や情報の透明性が担保されているなら、核エネルギーの研究で何をしてもよいだろうか。この点について本書では、相互批判を通じて科学的必要性と妥当性が認められた研究しかやってはいけないし、やらせないというのが、科学研究の自由を制約する倫理の第一の原理だと述べてきた。

もちろん、この原理だけで、科学研究が社会にもたらす問題をすべて解決できるとはいえない。田川氏は、生命科学研究で何をどこまでやってよいかを決める基準は、「迷惑をかけないこと」だという。そこでいう「迷惑」とは、具体的な危険を及ぼすことだけでなく、たとえば再生医療のためにヒトの胚を壊してES細胞をつくる研究は、受精の瞬間から人の生命が始まると考える人たちには殺人に近い行為と受け取られ、反発を招くので、そこまで含めて研究が社会に及ぼす「迷惑」だと考えなければいけないというのである。

第2章でみたフランスの生命倫理法は、この点について、胚はまだ人ではないが、人の生命の要素として人の尊厳が及ぶとし、その扱いに法規制をかけた。ただフランスでは、ヒトの胚を単なる細胞の塊とは見ず、すでに人間の存在がそこにあると見て、研究目的で胚を壊すことを「殺人」に近い行為として批判する人が多い。そのため、生命倫理法では、同じように人の尊厳が及ぶとしながらも、人体組織や細胞に対する規制より、胚に対する規制のほうがはるかに厳しくされている。そこには明らかに、ある特定の価値観が影響を及ぼしている。そうした価値観と、体外受精をしてでも子どもがほしい、受精卵を壊してでも再生医療を進めたいという、生命と身体を巡る欲望の充足を求める立場が拮抗して議論がたたかわされ、最後は政治の場での選択で、生命倫理法の内容が決められている。

つまり、本書でくり返し述べてきたように、生命科学・医学では、生命と身体を巡る欲望をどこまで認めるかが、科学する欲望を正当化し研究を進める拠りどころにもなり、またその制約を画する基準にもなるということだ。

原子力研究の自由と制約を考える議論では、人の生命はいつ始まるか、胚は人か、といったことに関わる価値観は、問題にならないだろう。その代わり、核エネルギーの研究をどこまで進めてよいかは、そのエネルギーを用いて社会がどこまで豊かな生活を求めてよいかという価値観の問題になるだろう。今の日本のエネルギー消費水準はかなり高い。これを維持するのか、もっと増やしていくのか、あるいは減らすべきなのか。世界全体ではどうするのか。これからの原子力研究は、こうした価値観に遡った議論をしないと、適正な根拠を持つことはできないのではないだろうか。

つまり原子力研究では、物質的生活の便利さ、豊かさを求める人々の欲望にどこまで応えるべきか、その欲望の充足を支えるエネルギーをどのように、どこまで求めてよいかが問題になる。そうした欲望の充足には、どこかで制約を課すべきだとするならば、それが原子力研究を制約する倫理の判断基準にもなるだろう。

本書では、科学する欲望を充足する自由の範囲や条件を考えるには、まず、科学の論理、科学の基準で対応することが求められると述べてきた。そしてその次には、科学を取り巻く人間のほかの欲望について、別の価値観の軸を立てた議論が必要になる。それが、本書が描いてきた構図である。

再生医療の将来を決める価値観

序章や第3章で取り上げたように、再生医療研究への期待が大いに高まっている。その再生医療の将来の展望について取材を受けたとき、研究が進んで技術が発展したら、人はどこまで長生きできるようになるか、と聞かれた。

再生医療が実現し普及したら、病気や傷害や老化などで機能が失われた体の一部を常に再生して、いつまでも元気で死なず、平均寿命がうんと伸びる世になるだろうか。私はそうは思わない。人の寿命にはもって生まれた個人差があって、それは悪くなったところを換えても大きく変わることはないのではないだろうか。たとえば私の父は心臓病を患いペースメーカーを入れたが（人工臓器による補完医療。準再生医療というべきか）、七年後に力尽きて死んだ。五七歳になる直前だった。それが父の寿命だったのだろう。心筋や肺が侵される難病だったが、では心筋と肺を再生する医療を受ければ長生きできたかというと、元の病気は手つかずだから、いくら再生してもきりがなかっただろう。「再生」というコンセプトでは救えない病気も多いのだ。

再生医療は高額になるので、金持ちだけが受けられて、貧富の差によって受けられる医療に差が生まれ、そのために寿命に大きな格差が生じる世にならないかと心配する向きもある。だがコストの問題は、普及していけば自然におさまるので、長い目で見れば問題にはならないだろう。いまｉＰＳ細胞をつくるにはかなり高額の費用がかかるが、安い培養液が開発されるなどして、コストダウンする見通しも出てきている。腎不全患者に対する人工透析も、最初一九六〇年代に実用化されたときは超高価で、ごくわずかな人しか受けられない点が大きな倫理上の問題とされた。だが、その後開発が進んでコストも下がり、いまでは多くの町の駅前に透析クリニックがあるくらいにまで普及して、誰でもが受けられる医療になっている。再生医療もそれと同じ道をたどらなければ、医療として確立することはないだろう。

ただそこに行くまでには、多くの犠牲が伴うことも事実だ。とくに人で試す前に動物実験をどれだけしなければならないか、今後真剣に考えなければいけないだろう。世界的な動物愛護の高まりを背景に、化粧品開発では動物実験を廃止する動きが日本の国内にも波及した。医療では全廃とはいかないだろうが、数を減らせという要請は無視できなくなるだろう。

動物愛護を求める価値観は、資源やエネルギーの消費を抑える生活スタイルの価値観ともつながっている面がある。たとえば動物愛護を求める人たちは菜食を選ぶ人が多いが、有名なローマクラブの『成長と限界』（一九七二年）などでも指摘されてきたように、食糧生産のコストは肉食のほうが菜食よりはるかにかさむ。人が食べる動物を育てるための食糧を別につくらなければならないので、資源とエネルギーを多く使う「迂回型生産」になるからだ。だが、肉食と菜食のどちらを選ぶかは、どちらが善か悪かという問題ではないと私は思う。本書で考えてきたように、倫理とは善悪、真偽を決める説教ではなく、何をどれだけ食べたいかという欲望の充足に、どれだけの資源とエネルギーを割いてよいかという、価値観に基づく選択の問題なのである。

話を再生医療に戻すと、肝臓や腎臓の病気を治すために臓器の移植が必要になったとき、いまは脳死の人や生きている人から臓器をもらって移植するのが主流だ。しかし将来は、再生医療と発生工学の組合せで、ブタの体内で患者の細胞から培養した人の臓器を育て、移植する道が開かれるかもしれない。ブタの臓器を、人の免疫に拒絶されないように遺伝子を改変して利用する研究もある。

そこで様々な機会に私は、**図4**に示した絵を見せて、さああなたが将来病気になったら、どれを選びますか、脳死の人の臓器をもらいますか、生きている身内からもらいますか、貧しい人からお金をあげてもらいますか、ブタの臓器をもらいますか、それともブタの体内で育てた人の臓器をもらいますか、と聞いてきた。人からもらうよりはブタからもらうほうがいい、豚肉を食べるのと同じようなものだ、と答える人が多かったが、人でもブタでも命在るものからもらうのはいやだ、死んで行く人からもらうのがいいと答えた中学生もいた。

私がいちばん感銘を受けたのは、いやそのどれでもない、その図には大事な選択肢が一つ欠けている、それは「何もしない」という選択肢だ、との答えだった。確かにそれも大いにありで、その選択肢を用意できなかった不明を恥じたものである。

こまめに全身を再生させる医療には通わず、自然な老化と死を選ぶ人が、今世紀末には、社会

図４

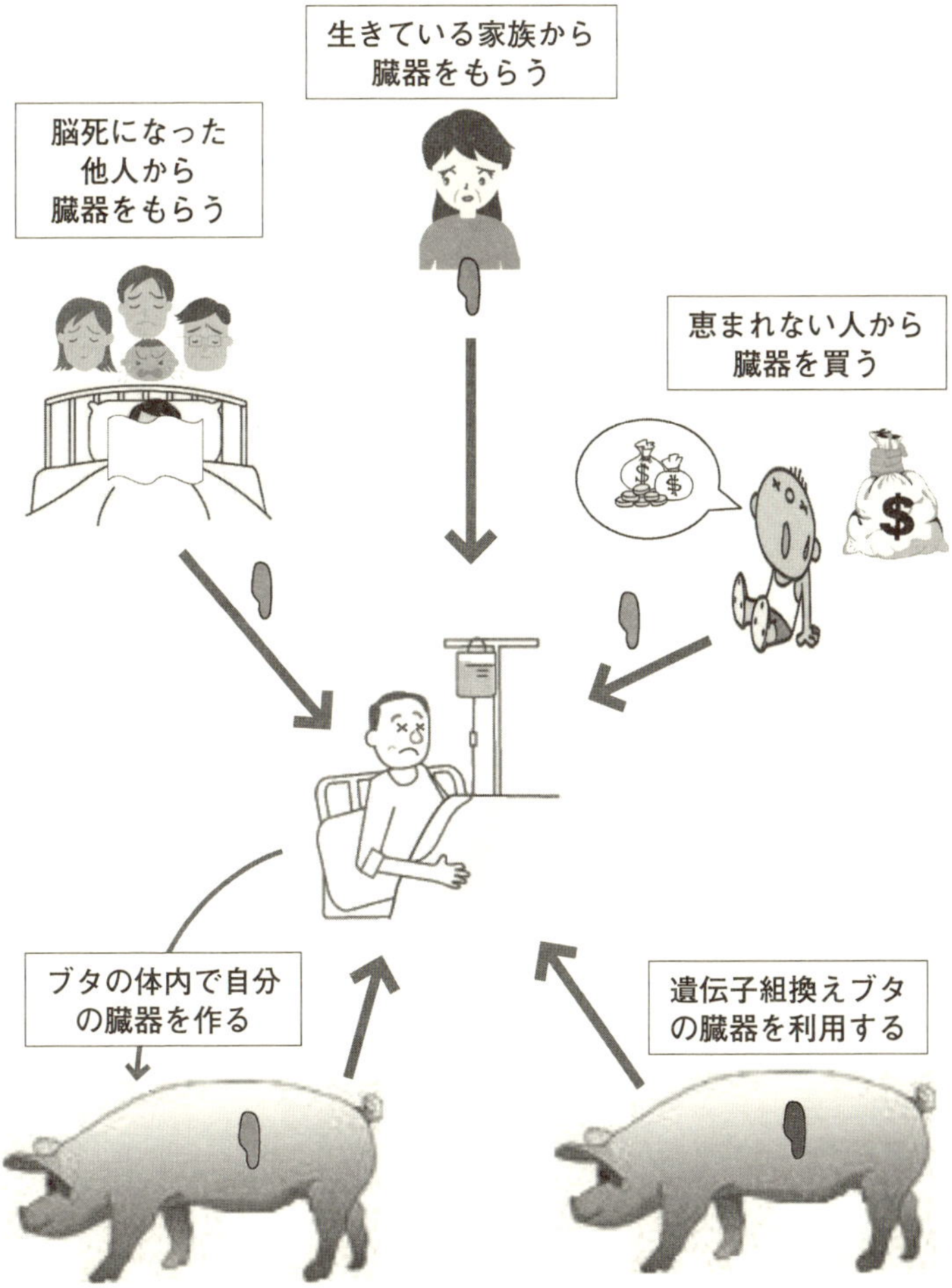

（明治大学・長嶋比呂志教授提供、一部改訂）

全体でどの程度の割合を占めるようになるだろうか。案外それが、再生医療研究をどこまで進めるべきか、その倫理のありようを最も左右する要因になるかもしれない。この選択を、消極的なあきらめだと否定的に見るか、それとも、豊かな生活を実現して一定の寿命を達成できた社会における生命を巡る欲望の成熟だと肯定的に見るか。この価値観の議論は、ぜひいまから始めておくべきだろう。右肩上がりの経済成長を目標とし続けることへの疑問や批判がある。それと同じように、ただ平均寿命を伸ばすのを医療の目標とすることも、もっと本気で疑問視してよいと思う。そのように別の価値観を対置して議論をすることが、成熟への道筋だと私は考える。

生命科学研究に「はやぶさ2」はあるか

現世利益を求める欲望に対し、それとは別個に科学する欲望というものが人間にはあると本書で論じてきたのも、一つには、そうした別の価値観の対置という意味を込めてのことだった。科学する欲望の充足は、有用性一辺倒の科学政策を見直すために、対置する別の価値としての役割を担うことができるのではないか。偏った現状を変える力を持てるのではないか。第1章では、それを現実に対する理想の主張だと述べたが、宇宙科学の分野では、理想が現実になる実例が出た。

惑星地質学・鉱物学が専門で月科学に従事する佐伯和人氏は、こう述べている。「二〇一〇年に帰還した『はやぶさ』は、世界でも類を見ない宇宙探査ブームを起こしました。その熱狂が、今年［二〇一四年］末に打ち上がる『はやぶさ2』計画を後押ししたのです。……『はやぶさ2』は、宇宙探査の価値を国民のみなさんが実感し、次の探査の方向性を国民みずからが要望し、かつ実現したという、……画期的な出来事でした。国家規模の巨大プロジェクトが国民の純粋な好奇心で動いたのです」（講談社『本』二〇一四年九月号、五四頁）。

ただ佐伯氏は、「はやぶさ」が熱狂的に歓迎されたのは、「その科学的成果によるものではなく、工学的なトラブルを乗り越えたドラマによるものであった」との冷めた見方もしている（『世界はなぜ月をめざすのか』講談社ブルーバックス、二〇一四年、一八六頁）。しかし「はやぶさ」の旅は、実用的な目的ではなく、科学的探求を目的としたものだったことは理解されているはずだ。だから「はやぶさ2」の実現は、本書でいう科学する欲望の充足の求めが、実用主義に傾いた宇宙開発政策に一矢を報いた、画期的な実例だといっていいのではないだろうか。

そこで考えたいのは、生命科学で同じような画期的な出来事を起こせる、「はやぶさ2」に相当する研究は出てくるだろうか、ということである。

宇宙探査には、地球の外の遥か彼方に出て行くというフロンティア開拓のロマンがあって、それが人々の心をとらえるのだろう。それに匹敵するフロンティアが、生命科学にはあるだろうか。二〇一四年度のノーベル医学生理学賞は、脳科学研究に与えられることになった。脳は、ゲノム以上に、二一世紀の生命科学にとって未知の広大なフロンティアである。だがそのとらえどころのない複雑さは、まだ科学者の手に余るところがあるようだ。空間把握に関与する脳の「場所細胞」の発見で、その二〇一四年度のノーベル賞受賞者になったジョン・オキーフ氏は、その一年前に、このテーマの研究は「ニュートン以前の段階にある」とコメントしていた（ニューヨークタイムズ二〇一三年四月二九日付）。だから脳科学はまだ、広く一般の人たちの熱狂を呼ぶようなフロンティア開拓の成果を出すところまではいっていないと見ることができる。

別の例としては、第3章で取り上げた幹細胞の研究が目指しうる、生物の発生と分化の解明というフロンティアもある。生物はどのように一個の受精卵の細胞から過不足なく細胞が分化し体をつくりあげるのか。いったん皮膚や骨になった細胞は、どうして二度とほかのものにはならないのか。その仕組みが解明できれば、ノーベル賞の候補になるだろう。iPS細胞研究がすでにもらっているというかもしれないが、それは「発見」であって解明ではないことは、第3章で述べたとおりである。

二〇一四年度の脳科学研究のノーベル賞受賞も、「脳内の空間認知をつかさどる細胞の発見」に対してであって、空間認知の仕組みの「解明」ではない、というところが重要だ。共同受賞者のモーセル夫妻が先のニューヨークタイムズの記事で認めていたように、発見された二種類の細胞の間でどのようなやり取りがあって、脳が空間を把握しているのか、その仕組みはまだ解明されていないからだ。新たな研究の方向やコンセプトを示した点で、「発見」だけでも科学的な意義は大きい。だが「ニュートン以前の段階」の研究にノーベル賞をあげるのは、少し早すぎないかとも思う。

まして、この「発見」が、脳内の空間認知機能が損なわれて徘徊を引き起こしていると推定される認知症の解明や治療に役立つ、などと報道などでコメントされたのは、大風呂敷を広げすぎではないだろうか。何かの役に立つのがいい科学研究だとみなす実用主義の歪みの表れだと思わざるをえない。この歪みを正すには、脳科学の現状と課題を研究者が世に正しく伝える必要がある。また社会の側も、より高いレベルの成果を求める見識を持つべきだろう（榊島次郎『精神を切る手術』岩波書店、二〇一二年、終章「脳科学に何を求めるべきか」参照）。

話を再生研究に戻すと、すでに分化した成体の体細胞の核を卵子に移植することによって、ふたたび一から個体に育つ能力を持った状態に変えることができるというクローン研究が、iPS細胞研究とともにノーベル賞をもらったことを第3章でみた。この研究は、細胞の核のゲノムをリセットできる要因（あるいは個々の細胞のゲノムを分化した状態に留めている要因）は何かを究明するうえで、非常に重要な「発見」だった。だがその後、研究はそうした基礎の仕組みの解明には向かわず、良質な家畜の量産とか、死んだペットの再生などの実用的な方向ばかりに進んだようにみえる。残念なことだ。ただ最近、iPS細胞よりも、核移植をしてつくったクローン胚から樹立したES細胞のほうが、リセットがより完全で、異常が起こる頻度も少ないという研究論文も出ている。外から遺伝子を加えただけでは不十分で、卵子の細胞質に何か重要な要因があるのではないかという、羊のクローン成功の際に提起された、哺乳類の発生と分化の解明研究の方向が、またクローズアップされ、この分野の知見が深められるきっかけになるかもしれない。

ｉＰＳ細胞研究を、再生医療の実用化と医療産業振興の役に立つものとして支援しようというのが、いまの日本の生命科学・医学政策の大勢だ。しかし、有効性や安全性の検討の面からだけでなく、科学研究の面で、ＥＳ細胞や体細胞核移植（クローン）などほかの系列と並行して比較しながら研究を進めることが、さらなる知のフロンティアの開拓につながる意義があることを、ぜひ認識してほしいものだ。そうした方向の研究が広く一般の人たちに歓迎され、科学政策によい変化をもたらすことを期待したい。

目指すべき成熟とは何か

先に引き合いに出した月科学者の佐伯氏は、宇宙科学の将来について、こう述べている。「これまでのフロンティア開拓は、資源の採取や、人類の存続のための生存圏の拡大が主たる目的でした。しかしいずれ、世界の紛争も人口問題もエネルギー問題も解決され……生き延びるために、フロンティアを拡大する必要はなくなるでしょう。……そのような成熟した人類になれたときに、純粋に科学のためのフロンティアの拡大が始まるのだと思います。……［それは］技術の問題ではなく、人類の種族としての精神や社会システムの成熟度の問題になるでしょう」（前掲書、一七八頁）。

佐伯氏は、本書の構図でいえば現世利益を求める欲望の充足が先で、それが満たされることで人類は成熟を迎え、その次に、純粋に宇宙を科学する欲望の充足が実現するとみている。だが私は、それとは逆の流れもあると考えたい。純粋に科学する欲望の充足に価値を置き、その実現を目指すことが、人類の成熟を促す契機になりうるのではないだろうか。

佐伯氏は、宇宙探査の結果、新たなフロンティアを拓いたことが、人類の世界観を変え、深めてきたと指摘している。月に立てたことで、人類は、宇宙に浮かぶ小さな天体である地球の全体像を、はじめて見ることができた。地球軌道上の人工衛星などからは、近すぎて全体を写すことはできなかったのだ。己を客観的に知ることが成熟への一歩だとすれば、月に立てて宇宙の中の地球の姿を見られたことは、人類の成熟への道筋の、大きな里程標になったといえるだろう。

生命科学でいえば、DNAの構造と自己複製の仕組みの解明によって、人間も含めた地球上の全生命が同じ仕組みを共有しているという発見が、それに近い意義を持ったと考えられる。日本の分子生物学の草分けの一人だった渡辺格が述べているように、生命科学の進展によって、物質分子から生命ができる流れを解明し、理解することはできた。だが、その先には、生命から精神がいかに生じるのかを解明し、人間存在を物質界と生物界の中に位置付け理解するという、遠大な課題が残されている（『人間の終焉』朝日出版社、一九七六年）。この、物質から生命へ、さらに生命から精神へという流れを解明する生命科学のフロンティアに立てたとき、人類は、生命の進化の流れの中に浮かぶ自らの全体像を見ることができるだろう。科学する欲望の充足が人類の成熟につながる、具体的なイメージがそこにあるといえないだろうか。

ただそのためには、何よりもまず科学者自身が、科学する欲望とその充足の独自の価値を信じ、その信念に忠実に生きる努力をしなければならない。そうした姿勢を世の人々に示し、支持してもらえるように努めなければならない。そうしてこそ科学は、目先の実利への期待に頼るのではなく、外からのお仕着せの倫理に頼ることもせずに、社会に自律する基盤が持てるのではないだろうか。それが本書の考える、生命の科学の拠りどころということである。

ここで先に述べた、別の価値観の対置、という議論に戻る。

成熟とは、欲望を抑えこむことではない。欲の充足が偏らないように、均衡を図ることである。現世利益を求める欲望の充足を否定するだけの倫理では、広く人々に受け入れられることはないだろう。そうではなく、人間が喜びを見いだす充足、価値はほかにもあるのではないかと示すことで、行き過ぎを正し、欲望を自然にコントロールできるようになるのが、「人類の精神と社会システムの成熟」だと私は考える。科学する欲望の充足を別の価値として対置する意味が、そこにある。

逆もまた真である。現状では、役に立つ研究でなければ予算は割けないと、科学する欲望の充足のほうが不利に制約されているからこう言うのであって、もし科学者が権力を握って、科学する欲望の際限のない充足のために地球の資源を蕩尽するような事態になれば、人々の生活を豊かにすることも大事だよと、科学の探求とは別の価値を対置して批判しなければならないだろう。均衡こそ成熟であるとは、そういうことである。

「近代の超克」としての成熟

最後に、第2章で生命倫理を近代の人権拡張の歴史のなかに位置付けたように、欲望の均衡による成熟に寄与するという科学の拠りどころを、文明の歴史のなかで広く捉えておきたい。

十九世紀以降の近代の実現は、科学技術と資本主義経済が両輪となって人類社会をリードすることで果たされた。その最も根本的な動因は、人間の欲望の解放だったとみることができる。近代社会への移行期には、国や地域によって程度や時期は異なるが、総じて、欲望の解放と充足を阻むもの（経済的・政治的・社会的な不平等や差別、伝統社会の拘束、宗教による科学の抑圧！など）を打破することが、新しいモラルとして求められた。日本でいえば、太平洋戦争敗戦後、軍国主義や旧社会秩序を捨て、経済成長至上主義に徹した二〇世紀後半の歴史が、それを最もよく表わしている。

その結果、まだ地球上すべての地域でではないが、それでもかなり多くの人々が、豊かで便利な生活を享受する社会が実現できた。それは大いなる達成だった。だがいつまでもその段階に留まることはできない。そこに二一世紀の人類文明の課題があると思う。

資本主義経済も科学を基盤にした技術開発も、本書でいう現世利益を求める欲望の充足を第一の原理にして成り立ち、動き続けている。だが、欲望の充足を第一の原理として生きることが許されるのは、子どもの間だけである。思春期になれば、それだけでは済まないことが理解され、その葛藤と欲求不満から、独特の反抗的若者文化が生まれる。そこを超えて、大人になる試練を私たちはみなくぐりぬける。それをどれだけうまくできるかどうかは人それぞれではあるが、そうしなければ、先には進めないのだ。

それと同じで、人類社会全体でいうと、近代文明は、現世利益を求める欲望の充足を第一の原理とする限り、子どものままの段階に留まっているとみなすことができる。それでは先に進めないのではないだろうか。地球環境問題は、それを最もわかりやすく示している。それに対し生命科学がもたらす問題は、環境問題ほど上限、限界ないし弊害が見えにくいので、議論しづらかった。しかし根は一つだと思う。近代を達成した人類の現状は、いまだせいぜい思春期にたどり着いた程度ではないだろうか。次は大人にならなければならない。欲望の充足をコントロールできる、成熟した文明に進まなければならない。

「近代の超克」とは、日本で戦前から偏った政治的論議を醸し出してきた、手垢のついた議論だが、あえてここでその言葉を使ってみようと思う。人類文明は、近代の幼児期から、欲望の充足をコントロールできる大人の段階に進まなければならない。そのために人類の精神と社会システムの成熟を求め、近代の超克を果たすべきである、と。

この、近代の超克を目指す人類文明の成熟への道筋のなかに、本書が考えてきた、生命を相手に科学する欲望が果たすべき役割を位置付けることができないだろうか。もちろん、科学する欲望においても、その充足を第一の原理として生きることが許されるのは幼児期だけだ、という議論は成り立つだろう。その点で、近代科学史も、大人の段階に進まなければならないのは同じである。研究倫理がうるさくいわれる世の中になったことには、そういう意味があるのだと捉えるべきではないだろうか。

だがそこで科学者に求められる研究倫理ないし生命倫理が、科学する欲望を人間の価値として正当に評価し位置付けないでいては、いつまでも実のある議論にはならないと私は考える。科学する欲望の独自性を認め、さらにそれが現世利益を求める欲望に対置できる価値であると認めることで、そこから、欲望の均衡と成熟を目指す議論を仕掛けうる。それが、本章のまとめの議論がたどり着いた結論である。

この本書のささやかな成果が、生命科学と社会の間によりよい関係を築く一助にならんことを願って、筆を擱きたい。科学する側、支援する側、科学の成果を期待し享受する側、様々な立場の、関心のあるすべての方々に、ご意見、ご批判いただければ、たいへん幸いである。

【付論1】　生命科学と生命倫理のもう一つの接点

～脳死論議と生命観の基礎としての免疫学再考

多田免疫学のモチーフの一つとしての脳死論議

私にとって、多田富雄の免疫学は、脳死論議と不可分に結びついている。

私が多田先生と初めて面識を得たのは、日本学術会議主催の「日本人の死生観」というシンポジウムだった。そのご縁で、新聞紙上で脳死問題について対論することができた(1)。海外での進展に合わせ、日本でも、和田心臓移植の蹉跌を超えて、脳死臓器移植を再開しようとする動きが本格化した、一九九〇年代はじめのことである。

その後長い間ご無沙汰を続けるうちに訃報に接し、多田先生が提起された思想的課題が果たされないまま今日まで来てしまったことを、あらためて思い起させられた。

多田先生は、先にふれた対論で、日本の脳死論議では、そもそも個体の生命とは何かという前提に関する議論が欠けていた、と指摘している。生物学的にみて個体の生命は、設計図とされるゲノムにも、脳という一個の器官にも、還元できるものではない。トータルな、分割不能でかけがえのない個体の生命をどう捉えるのかを、きちんと考えておく必要がある、というのである。

それは、現代免疫学が解明しようとした中心課題だった。生物個体の同一性を決定し支えているのは、免疫によって成り立つ「自己」である。免疫の現象を解明することが、個体の生命を全体として理解する重要な手がかりになる。そうした観点から、多田先生は、現代免疫学が拓いた地平の全体像を、一九九三年四月に上梓された『免疫の意味論』で、わかりやすく描いている。

この論考は最初、『現代思想』一九九一年一月号から十二月号に連載された。その執筆の動機として、多田先生は、「そのころ燃え上がった「脳死」に関する議論」において、「鷺を烏と言いくるめるような議論も現れる中で、生命の全体性について別の観点もあることを発言しておくことは必要なのではないか」と考えた、と述べている。(2)

一九九〇年に設置された脳死臨調が、三十回以上も会議を重ねて、脳死を人の死とする多数意見を基に脳死移植にゴーサインを出す答申をしたのが、一九九二年一月だった。それを受け、国会で超党派の議員連盟が発足し一九九二年四月から検討作業を開始、同年十二月には各党協議会に議論の場が移され、一九九三年十二月に臓器移植法要綱案がまとめられた。『免疫の意味論』は、この日本で最初の脳死移植立法の動きを横目でにらみながら連載され、刊行されたのである。

当時私は、企業の分子生物学の基礎研究所に研究員のポストを得たばかりの駆け出しの身で、連載を毎回楽しみに読みふけった。脳死と臓器移植の倫理的・社会的問題を専門とし、やはり脳死論の視野の狭さを批判的に見ていた私は、多田先生のこの論考に接して、「自己」のイメージを豊かにする免疫学の知見が、脳死を超えて生命をその全体で捉える議論をするのに、大きな役割を果たすことを教わった。それを通じて知ったイェルネの免疫ネットワーク説の論文を図書室で探し出し、わからないなりに勉強した。そのとき味わった知的興奮を、今でもよく覚えている。

個体の生命の有機的統合を担うシステムとして、脳を核とする中枢神経系とは独立に、免疫的自己というもう一つの系がある。個体の全一性＝統合性（インテグリティ）を支えるより重要な存在は、後者なのではないか。それが認められれば、脳死臨調の多数意見は覆される。

しかし、医学者として、脳死者からの臓器移植に水を差すことは多田先生の本意でなかった。先にふれた対論でも、「私は脳死─移植という医療行為を否定しようとしているものではありません」「脳死者からの臓器提供の道は開かれなければいけないと思います」と述べている。[3] だから脳死概念の不完全さを科学的に徹底的に追求することは控えられたのだと思う。免疫学が把握しようとした「自己」があまりに複雑な系で、科学的に実証できる展望がなかなか開けなかったということもあるだろう。そこで代わりに、能という演劇的表現に仮託して、臓器を移植するために脳死を人の死とすることで終わってはいけないと、警鐘を鳴らすに留めるという選択をされたのではないだろうか。

免疫学の栄光と退潮

もちろん、現代免疫学の意義は、脳死概念に対するアンチテーゼという点にあるものではない。免疫学にそのような意義を見いだすのは、当時の日本の特殊事情だというべきかもしれない。

『免疫の意味論』の冒頭で多田先生が述べているように、免疫学は、分子生物学の手法を採りながら、還元主義で終わらず、個体の生命の成り立ちを全体として捉える方向性をもった。

日本の分子生物学の草分けである渡辺格は、遺伝子で決定される分子レベルでのみ生命現象を解析する、いわゆる還元主義的な分子生物学は、その本来の目標からすれば、まだ第一期にあるにすぎないと早くから説いていた。彼のいう「第二期の分子生物学」は、分子レベルで明らかにされたことをふまえて、分子への下降から反転し、上のレベルを目指す。その最初の課題は、細胞が集まってできる多細胞系の生命体を成り立たせるシステムの解明である。(4) 免疫学は、まさにこの渡辺のいう第二期の分子生物学につながりうる成果をあげ、脚光を浴びた時期があったのだと思う。その中心が、一九五〇年代後半に抗体の自然選択説を提起して免疫生物学を革新し、七〇年代はじめに免疫系を自己調節するネットワークと捉える理論を唱えて一世を風靡し一九八四年にノーベル賞を受賞した、ニールス・イェルネだった。

『免疫の意味論』は、このイェルネの理論の魅力を、私たちに伝えてくれる。さらに、その「あまりにも形而上学的」な理論に代わって主流になった、抗体分子の構造と機能の流れを一つ一つ実験によって確かめていく研究の成果も紹介しながら、多田先生は、免疫学的自己という「生命の全体性」のありようを示してくれる。私が感銘を受けたのは、免疫を担う細胞と抗体群のネットワークから出来上がる「自己」は、内的な相互作用により刻々と変化する動的平衡として成り立っているということである。免疫は、非自己を認識し排除する受け身の防御システムではなく、自己に適応し自己に言及しつつ新たな自己を組織していく自律的な「超システム」なのである。そしてこの超システムは、免疫分子をコードする遺伝子が体細胞レベルで再構成され変異してランダムなものができたなかから、適当なものを残して、あとは消してしまうという後成的な過程を経て発生する。つまり、免疫学的自己から成る個体の生命は、その限りで遺伝子の支配から自由な現象だと考えられるのである。

このように免疫学は、生命現象を個々の分子や遺伝子に還元しないで解明する道を拓き、新しい科学的生命観を告げる可能性をもった分野だったのだと思う。多田先生が『免疫の意味論』の最初に述べたように、それは生命科学の中心に位置する、花形となった。

しかし、その地位は長く続かなかった。二〇〇八年に翻訳が刊行されたイェルネの伝記に寄せた文章で、多田先生は、一九八〇年前後からすでに、イェルネの学説は顧みられなくなったとし、こう述べている。「[その後は]免疫理論で全体的、統一的理解をしようとする者はほとんどなかった。……徹底した還元主義に座を奪われた免疫学は、いかなる学説も光を失っていたし、本来の生物学としての免疫系に興味をもう一度呼び覚ますものはなかった」[5]。

実際、二〇世紀末から二一世紀初頭に生命科学の花形になったのは、第一にゲノム研究であり、第二に脳科学、そして再生・発生学であった。それに対し、私の印象では最近の免疫学は、拒絶反応を抑える新しい方法(免疫寛容の樹立など)を開発する、移植医療の補助研究のような場面でしかお目にかからなくなっているように思える。もちろんそれだけでなく、アトピーや癌の治療から新興感染症に対するワクチン開発まで、臨床医学の様々な場面で、免疫学は重要な研究を支える土台になっているだろう。だがそこでの免疫学はあくまで実用のための基礎という従属的位置付けでしかなく、それ自体が生命科学を切り拓く分野ではなくなり、科学界だけでなく思想界などに与える影響も失せているのではないだろうか。分子還元主義に徹した免疫学研究で一九八七年にノーベル賞を受賞した利根川進が、同じ手法での脳神経研究に転じたのは、その象徴のように思える。

この背景には、免疫学に限らず生命科学全体が、医学などへの応用に偏って進められている状況があるだろう。急発展したゲノム科学も発生学も、実用化に対応することだけに忙しく、生命現象を解明する本来の力を発揮しきれずにいるのではないだろうか。

移植法改正で再燃した脳死論議は、二一世紀の生命観に見合うものだったか

昨年（二〇〇九年）臓器移植法の改正が行われた際、国会でもマスコミでも議論のほとんどは、脳死は人の死かどうかに費やされた。私は、この脳死論議一辺倒のせいで、ほかの重要な政策課題（人体組織の売買や生体移植の規制）が置き去りにされてしまったことを批判してきた。[6] だがここでは、脳死論議の中味を、いままで述べてきた科学論の観点から俎上にあげてみたい。

二〇〇九年の脳死論議でも、一九八〇年代から一九九七年の臓器移植法の最初の立法時に至るまでと同じように、脳死の定義と判定基準の妥当性を、脳死者からの臓器提供の許容条件の根拠とする議論の枠組みは変わらなかった。現行の脳死判定基準は間違いなく死を判定できているから、本人の同意がなくても家族の同意だけで臓器を摘出してよいとする推進論に対し、いやそれ

は脳の主要機能を測っているだけで死んでいるとは言い切れないから、その基準で死を判定し臓器を提供してよいとする生前の本人同意が必須だという反対論が出される。その点で、二〇〇九年の脳死論議は、二十年前の脳死臨調での議論とほとんど異なるところはなかった。個体の生命とは何かという、多田先生が提起した別の科学的生命観を対置する根本の議論は、今回もなされなかったと私はみる。

何より二〇〇九年の脳死論議には、近年大きく進展したはずの脳科学の知見を反映させた議論はなかった。マスコミの常連の脳科学者は脳死論議に参入しなかった（少なくとも主要論者とはみなされなかった）し、脳科学倫理をいう人たちも関わってこなかった。それを不思議だとする議論もなかった。つまり、誰も脳死論議を生命の科学の問題だとはみていなかったのだ。

しかし、脳死論議は、人の生命の本質を脳に偏って捉える近代的な生命観を根本から見直し、二一世紀の生命科学が拠って立つべき基盤を拓くきっかけにできるはずである。現代免疫学が提起しようとした生命観は、その重要な一要素だったと思う。

そうした根本の議論を妨げているのは、先にふれた、実用一辺倒の科学政策である。臓器移植が有用だといわれれば、その不可欠の供給源である脳死の人の身体の扱いを考えるのに、実用とは関係ない生命論を持ち込むのは、場違いだとのそしりを受けかねない。免疫学の研究も、移植医療などの役に立つ形にいわば切り詰められて推進され、イェルネのネットワーク説のような純粋な理論研究はやりにくくなっている。ゲノム科学も脳科学もその点では同じで、実用偏重の方向で進められるなかで、人の生命の本質を遺伝子や大脳前頭葉の機能に還元して捉える生命観は、いっそう強められている。

だが、そこに留まってはいけない。多田先生が提起された、「生命の全体性について別の観点もあること」を考える必要は、増しこそすれ、いささかも減じていない。そうした観点から、免疫学だけでなく生命科学全般を見直すべきである。そしてそのためには、生命科学研究が先端医療の技術開発に従属した現状を改め、パトロンである一般市民だけでなく、当の研究者自身が、科学本来の「知るために知る」価値を独立に認めるようにならなければいけない。それは、政府の事業仕分けで欠落が露になった、日本の科学政策の理念を形作る価値観になるべきものだと私は考える。(7)

そうした今は顧みられることの少ない、しかし未来に繋ぐべき重要な課題に目を開かせてくださったことにあらためて感謝しつつ、謹んで多田富雄先生のご冥福をお祈りしたい。

注

（1）「死に介入する医療　往復書簡」読売新聞夕刊一九九四年四月四日〜七日、多田富雄対談集『生命へのまなざし』青土社、新装版二〇〇六年に収録。
（2）多田富雄『免疫の意味論』青土社、一九九三年、「あとがき」。
（3）前掲『生命へのまなざし』、二三三頁。
（4）渡辺格『人間の終焉』朝日出版社、一九七六年、三五頁—六二頁「分子から精神へ」参照。

（5）多田富雄「ニールス・イェルネの聖性と俗性」、T・セデルキスト『免疫学の巨人イェルネ』医学書院、二〇〇八年［原著一九九八年］、vii頁。

（6）樹島次郎「改正臓器移植法の重大欠落点」『日本の論点２０１０』文藝春秋、二〇〇九年、五四六—五四九頁。

（7）樹島次郎『生命の研究はどこまで自由か　科学者との対話から』岩波書店、二〇一〇年参照。

（『現代思想』二〇一〇年七月号〈特集・免疫の意味論　多田富雄の仕事〉所収「脳死論議の彼方にあるべきもの　生命観の基礎としての免疫学再考」改題）

【付論2】 人間の欲望を軸にした臨床医学論の構想

本論では、人間には科学する欲望があるという論を立て、そこから生命科学と社会の関わりのあり方を考えてみた。

そこで次は、科学する欲望と対置した、現世利益を求める人間の欲望のなかで、様々に広がる生命と身体を巡る欲望をどう考えるかという観点から、臨床医学のあり方を論じてみたい。本論ではこの観点を、先端医療がもたらす生命倫理の問題を考えるための軸としたが、さらにそこを超えて、人間にとって医学とは何か、医療一般は今後どうあるべきかという、より広い議論に発展させてみたいのである。

そこで以下では、まだごく未熟なものにすぎないが、この「人間の欲望を軸にした臨床医学論」の構想を、素描しておきたい。

（1）

本論の序章や第3章で取り上げたSTAP細胞研究騒動と同じ時期、日本では、製薬会社が、自社の薬剤の臨床研究データを操作する不正をしていたことが明るみになり、大きな問題になった。生命科学だけでなく、臨床医学の研究に対する信頼も大きく揺らいだのである。

そこで、日本の臨床医学研究の信頼性を回復するために、早急な対応が必要であるとの危機感が広く共有された。

だが、その後国で検討されてきた、臨床研究データの管理を強化するといった手続き的な規制だけでは、失われた信頼は取り戻せないのではないだろうか。医学研究に関わる者一人一人が、研究倫理を内面化していなければ、不正は防げない。その医学研究倫理の基盤として、二一世紀の臨床医学が何によって正当化されるかを、医学者のみならず、社会に対しても示していく必要がある。

（2）

臨床医学は、人の苦しみを除くこと（病の苦しみを除いてくれとの人の願いに応えること）を目的として、存立してきた。

古典的な近代臨床医学においては、疾病の診断を分類・体系化し、その各々に対処する方法の模索に専念することで、医学の目的が果たされると考えられてきた。その努力は一定の成果を挙げ、長寿や健康を得たいという人の求めに、ある程度応えることができるようになった。

しかし二〇世紀後半以降、自然に介入する力を大きく備えるようになった現代医学においては、人々が医学に求めることが、苦しみの除去という比較的単純で単線的なものから、自然を超えて望ましい状態を獲得したいという欲望へと、変質してきた。何が望ましい状態かについて人々の価値観は多様化し、医学技術の発展がさらに新たな欲望を喚起することで、臨床医学に求められることが複線化、多極化してきたのである。

その結果、医学は何をどこまでなすべきかについて、古典的な臨床医学像では対処しきれないようになった。

（3）

この新たな状況に対応するには、これまで臨床医学が、当然の前提として自らの外部にある所与のものとしてきた「人々の願い、求め、欲望」を、臨床医学においてどう捉え、位置付けるかを、あらためて考えてみる必要がある。

医師は、どこまで人々の欲望充足の求めに応えるべきなのか。医療技術を用いて、どこまで人々の欲望の実現を目指してよいのか。

そのつど揺れ動く多様な価値観に流されていては、社会の信頼は得られない。人の欲望の何がどこまで認められるかを考えることは、臨床医学が正当と認められる範囲を画すうえで、避けて通れない課題になる。これまで臨床医学が自らの外部に置いてきた人間の生命と身体を巡る欲望を、臨床医学自らのうちに位置付け、内面化する作業が必要になるのである。数学風の比喩で言えば、所与の定数としてきたものを、内部変数に組み込む作業を求められているということである。

（4）

本論で述べたように、生命科学の研究倫理の要諦は、「科学的必要性と妥当性のある研究しか、人や動物に行ってはならない」ということであり、研究が正当化されるための条件は、「個々の研究の科学的必要性と妥当性について、研究者の間で徹底的に相互批判がなされることが保障されている」ことである。

これに、臨床医学研究では、目の前の患者に対し結果を出さなければならないという使命が加わる。その意味で、科学的合理性と妥当性の追求のみに立脚する「研究の自由」は、臨床医学にはないといえる（櫛島『生命の研究はどこまで自由か』二二八頁以下参照）。いいかえれば、臨床医学は、科学的必要性と妥当性だけを存立の根拠にすることはできない。本論でも述べたように、技術開発としての安全性と有効性の確証が求められる。

そしてさらにそれに加えて、臨床医学は、自らの義務と権利を画する基準として、人々の欲望をどう捉え、その充足の求めにどこまで応えるべきかを決める責任を持つ（これを仮に「社会的妥当性の確証」と呼ぼう）。ここまで含めて、臨床医学の成り立つ根拠の全体像ができると、考えてみたい。

以上を図式化すると、次頁のようになる。

- 臨床医学の根拠
  - 科学的必要性と妥当性
  - 臨床的妥当性
    - 技術的妥当性（安全性と有効性）
    - 社会的妥当性（欲望への対応）

この構図を、人間の欲望を臨床医学の内部に位置付けるための、とりあえずの作業仮説とする。

（5）

右で仮に臨床医学の社会的妥当性と位置付けた人間の欲望への対応について、まずは、これまでの医学論が、生命と身体を巡る人の欲望をどう考えてきたのか、文献から探ってみたい。

また、これまでの医学教育では、医療を受ける人々が抱く様々な欲望についてどう考え、どう対応すべきかを、どのように教えてきたのか、調査してみたい。

さらに、臨床医学は多くの専門科に分かれていて、それぞれで考え方や職業文化が異なることも考えられる。そこで、各科の専門医にこの問題を提起し、質疑応答を通じて、専門科ごとの違いがあるか、あるとすればそれはどのようなものかを、明らかにしてみたい。

こうした作業を通じて、臨床医学に人間の欲望論を組み込むことができれば、二一世紀の医療のあり方を考え、社会の中に適正に位置付けるための土台を築けるだろう。

あとがき

幼い頃から、科学少年だった。

遠出して遊びに行くというと、行き先は決まって動物園、水族館、プラネタリウム、それに科学博物館だった。月の石が来る、日本で初めて恐竜の全骨標本が展示される、というと、勇んで大行列に並んで観に行った。日頃家では、いろいろな図鑑を買ってもらって飽きずに眺め暮らした。近くの雑木林や田んぼの用水路に行ってカブトムシやドジョウやザリガニをつかまえた。毎年初夏になると、住んでいた団地のカラタチの木にアゲハチョウの幼虫を探し、飼育箱で育てて、羽化させるのが楽しみだった。

ただ同じくらい文学少年でもあったので、長じると文系に進んで社会学の研究者を志したが、高校、大学と、ずっと生物学は好きで、よく勉強もした。オーバードクターのときに縁あって、企業の分子生物学の研究所に設けられていた、生命科学と社会の間に起こる問題を研究する部署に就くことができた。こうしていわゆる生命倫理の職業研究者になったのだが、生命科学の研究所にいたおかげで、報道などで倫理が問題にされる先端医科学研究が発表されると、図書室に行って専門誌の原著論文にあたる日々を過ごすことができた。わからないことは教科書や事典で調べ、周りの人をつかまえて教えてもらった。「日本でいちばん生命科学・医学の原著論文を読む生命倫理研究者」と、冗談半分に言ってもらえるようになったのも、伊達ではない。

そして齢五十を過ぎた今も、科学少年の根はそのままである。新しいプラネタリウムができると観に出かけ、毎年のように大きな恐竜展が来ると勇んで出かけている。最近古生物学者の方と知り合いになれ、恐竜の全骨標本をつくって組み上げる現場を生まれて初めて見学させてもらって、感激した。

生命倫理というと、あれはいけない、これはするなと外野から文句をつけなければならない。それも大事な役目だとは思う。だが、この分野の職業研究者になって十五年ほど経た頃、ふと、それだけではつまらないなと思うようになった。自分の科学少年という根を、大事にした仕事をしたいと思った。それで、科学の本質に根ざした倫理の議論ができないかと、あれこれ考えるようになった。これが知りたい、どうしてそうなるのか知りたいという思いに突き動かされて研究した、第一級の成果を、科学者でない者でも享受できるのが、人間の最高の喜びであり贅沢ではないか。人間にはそういう「科学する欲望」がある。それを、実利でも倫理でもない生命科学の拠りどころにできないか。
ここ数年、そんなふうに考えて過ごしながら、時々のトピックスに対し、生命科学の拠りどころは何かという問題意識を念頭に置いて、コメントしたり論説を書いたりしてきた。本書は、それらの小論を、その後の推移に合わせて大幅に手を入れ、論旨を一貫させて再構成したものを核にして出来上がった。元の材料にした主な文章や講義、講演の媒体と発表年代を、本書での登場順に一覧にして挙げておく。各媒体の担当者の方々には、発表の機会を与えていただいたことを、あらためて感謝したい。

［序章］
＊毎日新聞「論点」、二〇一四年四月十一日
＊共同通信「識者評論」、二〇一四年四月末
［第1章〜第2章］
＊東京工業大学生命理工学部「生命倫理学概論」、
二〇〇六年より例年十月〜十二月
［第2章］
＊丸善出版『シリーズ生命倫理学12　先端医療』第2章、
二〇一二年七月

＊岩波書店『科学』「科学通信」、二〇一一年九月

［第3章］

＊岩波書店『世界』「世界の潮」、二〇一二年十二月

＊中外日報「論壇」、二〇一三年二月五日

＊第66回日本生物工学会シンポジウム「人工生命体研究」、二〇一四年九月九日

［結章］

＊日本原子力学会『アトモス』、二〇一〇年八月

私は元来、その時々の問題に対し、言うべきことを短い枠で必要最小限に抑えて発信しなければならない状況で仕事をしてきたので、本にまとめられるだけの分量の原稿がたまることは、なかなかなかった。今回、書評の仕事で縁ができた青土社の編集者水木康文氏に、「本を出さないか」と言ってもらったときも、正直言って、そんなことできるだろうかと自信がなかった。構成の構想を練ってやり取りをするうちに、目次ができて、これならいけると思ったが、いざ書き出すと、やはり長年の性で、どうしても短く最小限にまとめてしまうクセが抜けずに苦労した。ただ苦労した分、著者としての手応えは、これまでの仕事のなかでも格別なものがあった。

もう一つだけ、本書の仕事に関わる思いを述べさせていただく。

幼い頃から、SF少年だった。鉄腕アトムの漫画で字を覚え、小学校の図書館にあった世界少年少女SF全集の類いに心酔した。映画「二〇〇一年宇宙の旅」が日本で初めて公開されたとき、まだ十歳前だったが観に行って、わからないながらに大いに引き込まれた。今でもよく覚えているが、映画を観ていちばんの感想は、二〇〇一年、自分は四一歳になったら、パンナムの定期便で月に飛んで行けるんだと、あたりまえのように思ったことだ。同じ頃にアポロの宇宙飛行士が月に降り立っていたのだから、夢物語ではない、現実のこととしてそう思ったのだ。だが実際に二〇〇一年になってみると、月旅行はおろか、パンナムまでなくなっているとは。それこそ夢にも思わなかった。

齢五十を過ぎても、SFを読み、観る日常に変わりはない。よく同世代の人から、まだSFを読んだりするのかと聞かれることがあって、心底衝撃を受ける。私にとってその質問は、「まだ息をするのか」と聞かれるのも同然だからである。

こういう空想科学少年だった自分の根を、やはり大事にして何とか仕事に活かせないものかと思っていた。SFとは、人間の問題を未来や異世界に仮託して描いてみせる、文芸の一ジャンルである。そこで私も、研究倫理と生命倫理の問題を、未来に仮託して考えてみたいと思った。第3章で、まだSFのレベルに近い人工生命研究やトランスヒューマニズムについて取り上げたのは、そのためである。また、同じく第3章や結章で、宇宙進出の是非や意義についてくり返し取り上げたのも、そうした関心が根っこにあったからである。

時々に世間を騒がせる喫緊の問題に、そのつど一つずつ対応していかなければならないのはもちろんだ。だがそこから一歩引いて、長い眼で見て考えることも同じくらい大事だろう。私は、人間は大挙して宇宙に出て行くのか、行かないのかが、二一世紀以降の人類文明の、最大の課題だと思っている。生命科学・医学は、この課題に動員されてどう変わっていくのか、いかないのか。それ次第で、現在の研究と倫理の方向性も、変わってくるのではないだろうか。少なくとも、今後生命倫理は、宇宙科学、宇宙医学も対象にするべきだろう。「宇宙生命倫理学会」をつくるなら、喜んで参加したい。

このような思いを文章にできるのは、私にとってかつてない贅沢である。それが許されたことに感謝し、この本をつくってくださった方々、手に取ってくださった方々に、心からお礼申し上げたい。

橳島次郎

二〇一四年十一月

櫳島 次郎（ぬでしま じろう）
1960年生まれ。東京大学大学院社会学研究科博士課程修了、博士学位取得（社会学博士）。三菱化成（現「化学」）生命科学研究所、科学技術文明研究所主任研究員などを経て、2007年より、東京財団研究員（非常勤）。自治医科大学客員研究員。参議院厚生労働委員会にて臓器移植法改正案審議・参考人意見陳述（2009年7月6日）など政策立案の議論にも携わる。専門：生命科学・医学の研究と臨床応用を中心にした、科学政策論。著書に『先端医療のルール——人体利用はどこまで許されるのか』（講談社現代新書）『生命の研究はどこまで自由か 科学者との対話から』『精神を切る手術　脳に分け入る科学の歴史』（ともに岩波書店）、『移植医療』（共著、岩波新書）ほか。

生命科学の欲望と倫理

科学と社会の関係を問いなおす

2014年12月25日　第1刷印刷
2015年 1 月10日　第1刷発行

著者——櫳島次郎

発行者——清水一人
発行所——青土社
東京都千代田区神田神保町1－29市瀬ビル　〒101－0051
［電話］03-3291-9831（編集）　03-3294-7829（営業）
［振替］00190-7-192955
印刷所——双文社印刷（本文）
方英社（カバー・扉・表紙）
製本所——小泉製本

装幀——戸田ツトム

ISBN978-4-7917-6842-4　Printed in Japan